W0214918

REFA · Methodenlehre der Betriebsorganisation

Teil Entgeltdifferenzierung

REFA Verband für Arbeitsstudien
und Betriebsorganisation e. V.

Methodenlehre der Betriebsorganisation

Entgelt-differenzierung

Carl Hanser Verlag, München 1991

CIP-Titelaufnahme der Deutschen Bibliothek

Methodenlehre der Betriebsorganisation / REFA, Verband für Arbeitsstudien und Betriebsorganisation e.V. – München: Hanser

Früher u. d. T.: Methodenlehre des Arbeitsstudiums
NE: Verband für Arbeitsstudien und Betriebsorganisation

Entgeltdifferenzierung. – 3. Aufl. – 1991
ISBN 3-446-16227-5

3. Auflage 1991
41.–60. Tausend

2. Auflage 1989
21.–40. Tausend

1. Auflage 1987
1.–20. Tausend

© Copyright 1991 by REFA – Verband für Arbeitsstudien und Betriebsorganisation e.V., Darmstadt
Kommissions-Verlag: Carl Hanser, München

Alle Rechte, insbesondere das der Übersetzung, vorbehalten.
Nachdruck oder fotomechanische Wiedergabe nur mit Genehmigung gestattet.

Satz und Druck: Roetherdruck, Darmstadt
Printed in Germany

Vorwort

Der Teil „Entgeltdifferenzierung" der Methodenlehre der Betriebsorganisation stimmt inhaltlich weitestgehend mit dem Teil 5 der Methodenlehre des Arbeitsstudiums überein. Die Methodenlehre des Arbeitsstudiums wird, wie auch die anderen Methodenlehren des REFA, schrittweise in die Methodenlehre der Betriebsorganisation überführt.

In diesem Teil werden die grundlegenden Methoden der Entgeltdifferenzierung dargestellt. Von der anforderungsabhängigen Entgeltdifferenzierung (Kapitel 2) bis hin zur leistungsabhängigen Entgeltdifferenzierung (Kapitel 3). Im Kapitel 4 werden einige Hinweise zur Einführung von Methoden zur Entgeltdifferenzierung gegeben.

Das Buch dient der grundsätzlichen methodischen Ausbildung von Arbeitsstudienfachleuten. Es kann die Entwicklung von Formen der Entgeltdifferenzierung auf tariflicher und betrieblicher Ebene nicht ersetzen.

Die vorliegende 3. Auflage enthält Korrekturen in einigen Detailfragen. Neuere gesetzliche und tarifliche Regelungen wurden berücksichtigt.

Kritische Anregungen aus der Leserschaft sind stets willkommen.

Darmstadt, im Dezember 1990

Der Bundesvorstand
des REFA – Verband für Arbeitsstudien
und Betriebsorganisation e.V

Vorwort
zum Teil 5 „Entgeltdifferenzierung"
der Methodenlehre des Arbeitsstudiums

Vorwort zur 1. Auflage

Zu den klassischen Aufgaben des Arbeitsstudiums gehört die Datenermittlung zum Zwecke der Entlohnung oder genauer gesagt: zur anforderungs- und leistungsabhängigen Lohndifferenzierung.

Anforderungs- und Leistungsdaten finden im Rahmen der betrieblichen Ablauforganisation eine vielfältige Verwendung, zum Beispiel in der Personalplanung, in der Kostenrechnung, in der Fertigungssteuerung. Ihre Verwendung zur Lohngestaltung hat naturgemäß einen besonderen Stellenwert, weil dadurch das Einkommen der Arbeitnehmer beeinflußt wird.

Dieser fünfte Teil der Methodenlehre des Arbeitsstudiums hat einen verhältnismäßig geringen Umfang. Das hat seine Ursache darin, daß die Datenermittlung bereits ausführlich in den Teilen 2 und 4 der Methodenlehre des Arbeitsstudiums behandelt wurde. In dem vorliegenden Buch werden von REFA keine eigenen Vorschläge zur Entlohnung entwickelt. Vielmehr wird lediglich aufgezeigt, wie die gemäß Teil 2 und 4 ermittelten Daten im Rahmen der summarischen und analytischen Arbeitsbewertung, des Akkord- und Prämienlohnes sowie der Leistungsbewertung Anwendung finden können.

Dieses Buch ist das Ergebnis besonders intensiver und langwieriger Beratungen. Daran waren der REFA-Grundsatzausschuß Entlohnungsformen sowie Mitarbeiter der Bundesvereinigung der Deutschen Arbeitgeberverbände, des Deutschen Gewerkschaftsbundes, des Instituts für angewandte Arbeitswissenschaft und des REFA-Instituts Darmstadt beteiligt. Allen sei für die Geduld und ihre Bereitschaft zur Zusammenarbeit sehr herzlich gedankt.

Darmstadt, im September 1974

Inhaltsverzeichnis

Entgeltdifferenzierung

Kapitel 1

Arbeitsstudium und Entlohnung

1.1 Einführung

Lohn, Gehalt

Der Arbeitnehmer erhält für geleistete oder zu leistende Arbeit ein Arbeitsentgelt[1]; dieses wird üblicherweise als Lohn und Gehalt bezeichnet. Weiter wird häufig zwischen Lohn und Verdienst, zum Beispiel zwischen Tariflohn beziehungsweise Tarifgehalt und Effektiv-Verdienst, unterschieden. Das Entgelt wird im allgemeinen auf einen Zeitabschnitt bezogen, zum Beispiel auf eine Stunde, eine Schicht, eine Woche, einen Monat. Es gibt auch auf Mengen bezogene Entgelte.

Tarifautonomie

Die Höhe des Entgeltes richtet sich nach den einschlägigen Rechtsgrundlagen, die für den konkreten Fall maßgeblich sind. Das sind die Tarifverträge, generelle betriebliche Regelungen sowie Einzelarbeitsverträge. Die betrieblichen Regelungen und die Einzelarbeitsverträge müssen sich im Rahmen der Tarifverträge halten. Die Tarifautonomie schließt einen Eingriff des Staates in Entlohnungsfragen aus. Das heißt, daß die Entlohnung durch die Tarifvertrags- und Arbeitsvertragsparteien nach freier Vereinbarung geregelt wird, wobei die Grenzen der Verhandlungsspielräume durch die Rechtsordnung (Gesetz und Rechtsprechung) gegeben sind.

Mitbestimmungsrecht des Betriebsrates

Nach den Bestimmungen des Betriebsverfassungsgesetzes (BetrVG) hat der Betriebsrat ein Mitbestimmungsrecht in Fragen der betrieblichen Lohngestaltung. Im besonderen ist folgendes zu beachten:

§ 77 Absatz 3:

Arbeitsentgelte und sonstige Arbeitsbedingungen, die durch Tarifvertrag geregelt sind oder üblicherweise geregelt werden, können nicht Gegenstand einer Betriebsvereinbarung sein. Dies gilt nicht, wenn ein Tarifvertrag den Abschluß ergänzender Betriebsvereinbarungen ausdrücklich zuläßt.

1) Auch wenn in dieser Methodenlehre mit dem Begriff „Arbeitsentgelt" nur die aus nichtselbständiger Arbeit erzielten Einkünfte gemeint sind, wird nachfolgend dem umgangssprachlichen Gebrauch entsprechend nur von Entgelt beziehungsweise Entgeltdifferenzierung gesprochen.

§ 87 Absatz 1 Ziffer 10, 11:

(1) Der Betriebsrat hat, soweit eine gesetzliche oder tarifliche Regelung nicht besteht, in folgenden Angelegenheiten mitzubestimmen:

10. Fragen der betrieblichen Lohngestaltung, insbesondere die Aufstellung von Entlohnungsgrundsätzen und die Einführung und Anwendung von neuen Entlohnungsmethoden sowie deren Änderung;

11. Festsetzung der Akkord- und Prämiensätze und vergleichbarer leistungsbezogener Entgelte einschließlich der Geldfaktoren.

Entlohnungsgrundsatz und Entlohnungsmethode

Eine unumstrittene Abgrenzung der hier genannten Begriffe Entlohnungsgrundsatz und Entlohnungsmethode gibt es noch nicht. Aus der Sicht des Arbeitsstudiums dürfte es richtig sein, die beiden Begriffe folgendermaßen abzugrenzen:

Der Entlohnungsgrundsatz gibt an, wie die Entlohnung insgesamt oder in wesentlichen Teilen geordnet ist, zum Beispiel nach Zeitlohn, Akkordlohn, Prämienlohn.

Die Entlohnungsmethode ist die Art und Weise, nach der ein Entlohnungsgrundsatz verwirklicht werden soll. Sie beschreibt das Vorgehen zur Durchführung eines Entlohnungsgrundsatzes, zum Beispiel wie ein Prämienlohn bei hochmechanisierter Fertigung eingeführt und angewendet werden kann.

Arbeitsrecht

Einzelheiten zu den rechtlichen Problemen der betrieblichen Entgeltgestaltung finden sich im Kapitel 8 des Teils „Grundlagen der Arbeitsgestaltung" der MLBO.

Leistung, Lohn, Motivation

Das Entgelt ist für den Arbeitnehmer Einkommen. Für das Unternehmen sind es Kosten. Bei der Entlohnung spielt die Frage der Motivation eine entscheidende Rolle. Der Arbeitnehmer ist leichter zu motivieren, eine qualifizierende Ausbildung durchzuführen, wenn er hierdurch ein höheres Entgelt erreichen kann. Entsprechend wird auch eine Beziehung zwischen Leistung und Lohn beziehungsweise Gehalt unterstellt. Das Mehr an Lohn beziehungsweise Gehalt durch ein Mehr an Leistung sollte in einem für beide Seiten annehmbaren Verhältnis stehen. Leistung und Lohn beziehungsweise Gehalt müssen übereinstimmen. Die Entgeltgestaltung muß in Verbindung mit der Arbeitsgestaltung so erfolgen, daß sie menschengerecht ist und den Arbeitnehmer nicht überfordert. Zu diesen Fragen wurden schon in den Teilen 1 bis 3 der Methodenlehre des Arbeitsstudiums Ausführungen gemacht.

Stellungnahme des REFA

REFA gibt keiner bestimmten tarifvertraglichen oder betrieblichen Form der Entgeltgestaltung den Vorzug. Auch werden keine eigenen Vorschläge zur Entlohnung entwickelt. Vielmehr wird aufgezeigt, wie die im Teil 2 „Datenermittlung" der Methodenlehre des Arbeitsstudiums und im Teil „Anforderungsermittlung (Arbeitsbewertung)" der Methodenlehre der Betriebsorganisation ermittelten Daten zur anforderungs- und leistungsabhängigen Entgeltdifferenzierung bei den derzeit in den Betrieben gebräuchlichen Entlohnungsgrundsätzen und -methoden Anwendung finden können. Dabei wird in Beispielen gelegentlich auf bestehende tarifvertragliche Regelungen hingewiesen.

1.2 Grundlagen der Entgeltdifferenzierung

Anforderung, Leistungsergebnis

Aus der Sicht des Arbeitsstudiums sind zwei Bestandteile des Entgelts von besonderem Interesse. Der eine ist abhängig von den Anforderungen, die ein Arbeitssystem an den Menschen stellt; der andere ist auf das vom Menschen beeinflußte Leistungsergebnis des Arbeitssystems bezogen. Es gibt auch noch andere Verdienstanteile, zum Beispiel in Form von sonstigen tariflichen Entgeltanteilen (wie beispielsweise Zuschläge für Schicht-, Sonn-, Feiertags- und Nachtarbeit), und zusätzliche Entgeltanteile, die üblicherweise Gegenstand einer besonderen vertraglichen Regelung sind.

Bild 1 gibt diesen Zusammenhang in Form eines Säulendiagramms wieder. Der untere Teil des Diagramms besteht aus dem anforderungsabhängigen Entgeltanteil, der Tariflohn, Grundlohn, Basislohn oder auch Ausgangslohn genannt wird. Dabei ist vorausgesetzt, daß das der Bezugsleistung zugrundeliegende Leistungsergebnis erbracht wird. Liegt das Leistungsergebnis über der Bezugsleistung, so kann dies seinen Niederschlag in dem leistungsabhängigen Entgeltanteil finden. Das am oberen Ende der Säule angedeutete Feld soll zum Ausdruck bringen, daß es auch noch andere Verdienstanteile gibt.

Gesamtarbeitseinkommen

Für den Arbeitnehmer stellt die Summe aller Entgeltanteile sein Gesamtarbeitseinkommen dar. Davon geht er aus, wenn er dieses Einkommen im Verhältnis zu seiner Arbeit beurteilt.

Definition der Entgeltdifferenzierung

Die Entgeltdifferenzierung besteht in dem in diesem Buch verwendeten Sinn in der Ermittlung und der Darstellung der Abhängigkeit der relativen Lohn- beziehungsweise Gehaltshöhe von Anforderung und Leistungsergebnis.

Von relativer Lohn- beziehungsweise Gehaltshöhe wird gesprochen, weil die Festlegung der absoluten Entgelthöhe als Geldbetrag nicht Gegenstand einer Methodenlehre sein kann und weil das Entgelt nicht nur von den Anforderungen und dem Leistungsergebnis abhängt.

Im folgenden werden zu den sonstigen Entgeltanteilen keine weiteren Empfehlungen gegeben, da es sich hierbei um Zulagen und Zuschläge unterschiedlicher Natur handelt. In diesem Buch wird nur die Differenzierung des anforderungs- und leistungsabhängigen Lohn- beziehungsweise Gehaltsanteiles betrachtet.

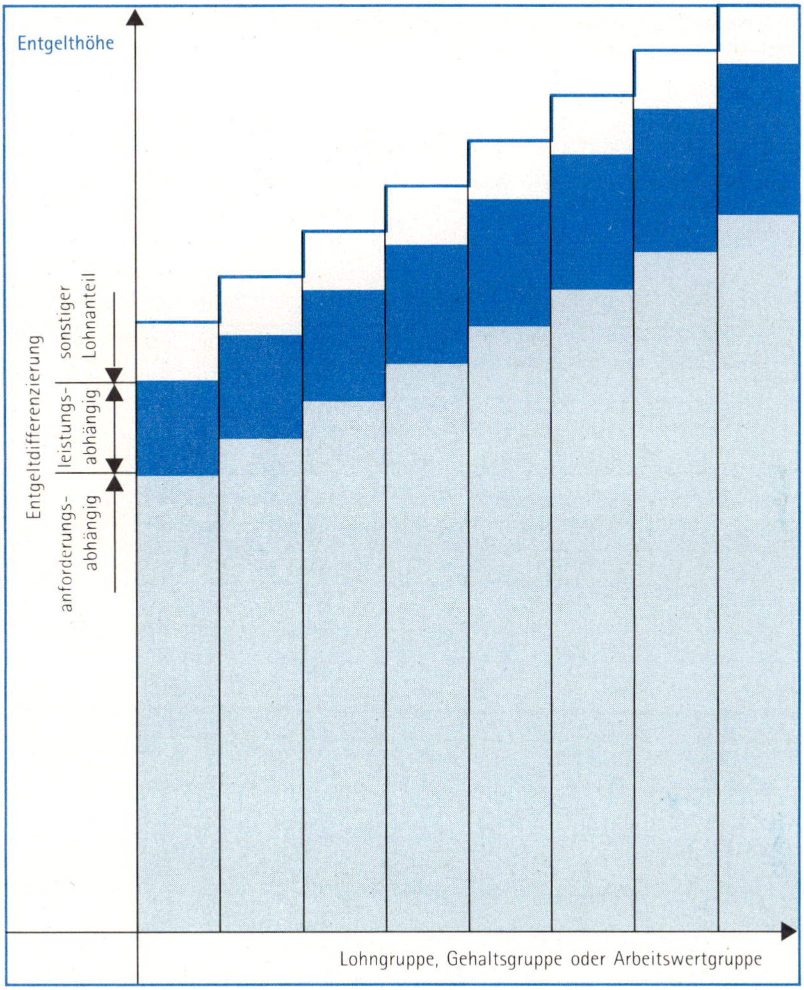

Die anforderungsabhängige Entgeltdifferenzierung wird mit Hilfe der Arbeitsbewertung vorgenommen. Bewertet werden die Anforderungen, welche ein Arbeitssystem und gegebenenfalls dessen Organisationsbeziehungen an den Menschen stellen, wenn dieser mit einer bestimmten Bezugsleistung, zum Beispiel der REFA-Normalleistung, seine Aufgabe erfüllt. Den Ergebnissen der Arbeitsbewertung werden Lohngruppen, Gehaltsgruppen beziehungsweise Entgeltgruppen zugeordnet.

anforderungsabhängige Differenzierung

leistungsabhängige Differenzierung

Die leistungsabhängige Entgeltdifferenzierung geschieht mit Hilfe der Messung oder Zählung des Leistungsergebnisses und dessen Berücksichtigung in einem Leistungslohn oder einer Leistungszulage, oder mit Hilfe der Leistungsbewertung. Das Leistungsergebnis läßt sich durch die Leistung des Arbeitssystems, dessen Wirkungsgrad oder ganz allgemein durch Soll-Ist-Vergleiche zum Ausdruck bringen (dies ist im einzelnen im Teil „Grundlagen der Arbeitsgestaltung" der MLBO, Abschnitt 4.1.3 sowie Teil 2, „Datenermittlung", Kapitel 10 der MLA behandelt).

Zeitlohn, Akkordlohn, Prämienlohn, Gehalt

Bild 2 zeigt, daß bei den in der Praxis gebräuchlichen Entlohnungsgrundsätzen Akkordlohn, Prämienlohn, Zeitlohn und Gehalt mit und ohne Leistungszulage sowohl anforderungs- als auch leistungsabhängig differenziert wird.

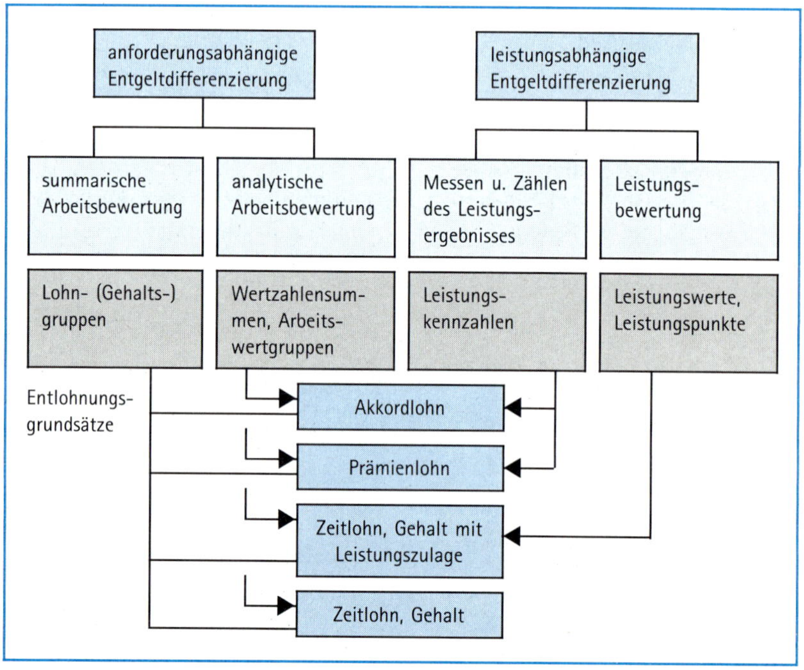

Bild 2

Überblick über die Grundsätze der anforderungs- und leistungsabhängigen Entgeltdifferenzierung

Die anforderungs- und leistungsabhängige Entgeltdifferenzierung verwirklicht die Entlohnungsgrundsätze Zeitlohn, Gehalt, Akkordlohn und Prämienlohn. Bild 2 veranschaulicht diesen Überblick, dessen nähere Erläuterung der Inhalt der weiteren Kapitel ist.

Kapitel 2

Anforderungsabhängige Entgeltdifferenzierung

2.1 Einführung

anforderungsabhängige Differenzierung

Gemäß den Ausführungen im Teil „Anforderungsermittlung (Arbeitsbewertung)" der Methodenlehre der Betriebsorganisation gibt es im wesentlichen die im Bild 3 zusammengestellten Methoden zur anforderungsabhängigen Grundlohn- und Gehaltsdifferenzierung, die im allgemeinen Arbeitsbewertungsmethoden genannt werden. Innerhalb der Entlohnungsgrundsätze und -methoden werden mit Hilfe der Anforderungsermittlung die Entgeltgruppen oder die Arbeitswertgruppen aufgrund der Wertzahlsummen ermittelt. Die Zuordnung von Lohn- und Gehaltssätzen legen die vertragsschließenden Parteien, in der Regel die Tarifvertragsparteien, fest. Die anforderungsabhängige Entgeltdifferenzierung bildet die Bezugsgrundlage für die leistungsabhängige Entgeltdifferenzierung.

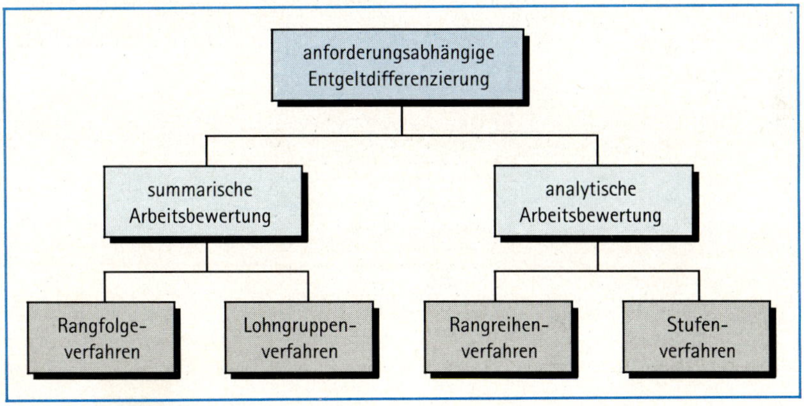

Systematik der Arbeitsbewertungsmethoden

Bild 3

Rangfolge- und Rangreihenverfahren

Bei der Arbeitsbewertung liegt den Rangfolge- und Rangreihenverfahren das Prinzip der Reihung und den Entgeltgruppen- sowie den Stufenverfahren das Prinzip der Stufung zugrunde. Auch Mischverfahren sind gebräuchlich. Eine Rangfolge besteht aus einer Aufeinanderfolge von Arbeitssystemen, die nach der Höhe ihrer Gesamt-Anforderung geordnet sind. Eine Rangreihe besteht aus einer Aufeinanderfolge von Arbeitssystemen, die nach der Anforderungshöhe einer bestimmten ausgewählten Anforderungsart geordnet sind. Zu jeder Methode der analytischen Arbeitsbewertung gehören so viele Rangreihen, wie sie Anforderungsarten unterscheidet (Näheres siehe Teil „Anforderungsermittlung (Arbeitsbewertung)", Abschnitt 4.3 und 6.2, der MLBO).

2.2 Summarische Arbeitsbewertung

Unter summarischer Arbeitsbewertung werden Methoden zur anforderungsabhängigen Entgeltdifferenzierung verstanden, bei denen die Anforderungen des Arbeitssystems an den Menschen als Ganzes erfaßt werden.

Das Ergebnis wird meist als Lohngruppe für gewerbliche Arbeitnehmer oder Gehaltsgruppe für Angestellte ausgewiesen.

summarische Arbeitsbewertung

2.2.1 Rangfolgeverfahren

Bei den Rangfolgeverfahren werden die Anforderungen des Arbeitssystems an den Menschen als Ganzes bewertet und in eine Rangfolge gebracht.

Definition von Rangfolgeverfahren

Die Rangfolge gibt Auskunft darüber, daß die an höherer Stelle in der Rangfolge stehende Arbeitsaufgabe höhere Anforderungen stellt als die an tieferer Stelle stehende Aufgabe.

In der Praxis sind sogenannte Aufgabenkataloge vorhanden. Diese enthalten in der Regel mehrere Rangfolgen für die verschiedenen Produktgruppen und Fertigungsbereiche eines Wirtschaftszweiges. Den in Rangfolgen geordneten Arbeitsaufgaben werden die im Tarifvertrag vereinbarten Entgeltgruppen zugewiesen. Im Bild 5 ist unter Verwendung des Manteltarifvertrags der Schuhindustrie ein solcher Aufgabenkatalog für einige Fertigungsbereiche wiedergegeben (siehe Seite 18).

Aufgaben-kataloge

Die anforderungsabhängige Kennzahl, also der zahlenmäßige Ausdruck für die Gesamtschwierigkeit der Arbeitsaufgabe, ist hier die Entgeltgruppe. Der Übergang von der Entgeltgruppe zum Geld ist im Tarifvertrag durch die Zuordnung von Entgeltsätzen zu den Entgeltgruppen geregelt (Bild 4).

Lohngruppe, tariflicher Grundlohn

Entgeltgruppe	1	2	3	4	5	6	7	8	9	10
tarifliches Grundentgelt	siehe Tarifvertrag									

Zuordnung von Entgelt zur Entgeltgruppe

Bild 4

Produktgruppe: Lederstraßenschuhe
Fertigungsbereich: Stepperei

Lfd. Nr.	Arbeitsaufgabe	Lohn-gruppe
32	Oberleder spalten	4
33	Futterfeder spalten	3
34	Oberleder schärfen	5
35	desgl. bei Sandalen	4
36	Futter schärfen	4
37	Kante brennen	4
38	Narben abziehen mit Spezialmaschine (aufrauhen)	2
39	Zwischenfutter kleben	2
40	Guttapercha aufbügeln	2
41	Vorrichten (Kappen, Blätter oder Besätze aufkleben)	4
42	Riemchen-Sandaletten nach Modell kleben	4
43	Unterlagen kleben	1
44	Überstemme heften, steppen oder kleben	1
45	Vorzeichnen mit Hand oder Maschine	2
46	Durchbruch stanzen	6
47	desgl. bei Sandalen	4
48	Kante Färben	1
49	Prägen (verzieren)	4
50	Flechten, einfach	2
51	Flechten, schwierig	4
51 a	Mokassin am echten Mokassinschaft zusammenflechten	5
52	Ziernähte doppeln mit Doppelmaschine	8
53	Perforieren und zacken	5
54	Teile zacken (Zungen, Ösenriemen, Decksohlen) nicht Perforiermaschine	2
55	Hinterteile zusammennähen und ketteln	3
56	Futter zusammensteppen und ketteln	2
57	Oberleder und Futter ausreiben	1

Produktgruppe: Lederstraßenschuhe
Fertigungsbereich: Stanzerei

Lfd. Nr.	Arbeitsaufgabe		Lohn-gruppe
158	Ledersohlen stanzen	aus Croupon oder Hälften	10
159	Lederbrandsohlen stanzen		10
160	Lederzwischensohlen stanzen		10
161	Leder-Hinterkappen stanzen	aus Hälsen Seiten und Crouponspalten	10
162	Ledersohlen stanzen		9
163	Lederbrandsohle stanzen		9
164	Lederzwischensohlen stanzen		9
165	Leder-Hinterkappen stanzen		9
166	Leder stanzen aus Spalten		8
167	Lederoberflecke stanzen aus Croupon oder Hälften		8
168	Lederunterflecke stanzen		7
169	Lederflecke aus Abfällen stanzen		6
170	Teilfleck stanzen		5
171	Schlußkontrolle für Lederstanzen		10
172	Gummisohlen stanzen		8
173	Gummioberfleck stanzen		7
174	Werkstoff stanzen		7
175	Pappe stanzen bei Arbeitsschuhen		6
175 a	Brandsohlen beschneiden an Kopiermaschine		7
175 b	Gummisohlen beschneiden an Kopiermaschine		8
176	Brandsohlen und Kappen sortieren und zählen		7
177	Lederbrandsohlen egalisieren		6
178	Brandsohlen egalisieren bei Arbeitsschuhen		5
179	Brandsohlen Narben spalten		7
180	Brandsohlen Ferse einschneiden		5
181	Brandsohlen einschneiden (flexibeln)		2
182	Brandsohlen reißen		8
183	Brandsohlen-Lippen zementieren mit Maschine		3
184	Maschine Brandsohlen-Lippen aufstellen		5

Produktgruppe: Hausschuhe
Fertigungsbereich: Stepperei-Vorbereitung und Stepperei

Lfd. Nr.	Arbeitsaufgabe	Lohn-gruppe
	Stepperei-Vorbereitung	
27	Oberleder schärfen	4
28	Futterleder schärfen	3
29	Oberleder spalten	3
30	Durchbruch stanzen	4
31	Filzkeil schneiden mit Bandschneide	2
32	Filzkeil schärfen	3
33	Textilfutter aufkleben oder bügeln	2
34	Zwischenfutter aufbügeln oder kleben	1
35	Textilfutter beschneiden	1
36	Kanten färben	1
37	Vorzeichen	2
38	Riemchen buggen mit Spezialmaschine	2
	Stepperei	
39	Kaltklebeband kleben	1
40	Riemchenkante steppen mit Spezialmaschine	3
41	Blatt vorformen	3
42	Teile prägen	4
43	Ziernaht steppen	5
44	Flechten	2
45	Biesen einsteppen	4
46	Bestechnähte	3
47	Seitennaht steppen bei Textil	4
48	Ketteln verdeckt oder offen	3
49	Ausreiben mit Maschine	1
50	Bestechnaht aussteppen	4
51	Kette trennen (abschneiden)	1
52	Hinterriemen aufsteppen mit Einnadelmaschine	5

Bild 5 Auszug aus einem Aufgabenkatalog, geordnet nach Produktgruppen und Fertigungsbereich (Manteltarifvertrag für die Schuhindustrie von 1976)

2.2.2 Lohngruppenverfahren

Definition von Lohngruppenverfahren

Beim Lohngruppenverfahren werden die Anforderungen des zu bewertenden Arbeitssystems an den Menschen als Ganzes mit Stufendefinitionen verglichen. Jeder Stufe ist eine Entgeltgruppe zugeordnet. Die Entgeltgruppen bilden also eine Folge von Stufen, die durch Definitionen beschrieben sind. Die Entgeltgruppendefinitionen werden häufig durch Richtbeispiele ergänzt. Beispiele finden sich im Teil „Anforderungsermittlung (Arbeitsbewertung)" der MLBO, Abschnitt 1.2.2. Manche Verfahren arbeiten nur mit Richtbeispielen.

Verbreitung

Verfahren, die das Prinzip der Stufung verwenden, sind auch im öffentlichen Dienst verbreitet, zum Beispiel Bundesangestelltentarif BAT.

Lohn-/Gehaltsschlüssel

Die Zuordnung der definierten Lohn-/Gehaltsgruppen zum Entgelt wird im Tarifvertrag geregelt. Meist ist für die Lohn-/Gehaltsgruppen ein sogenannter Schlüssel festgesetzt, wie das beispielsweise aus Bild 6 hervorgeht. Dabei ist es üblich, der Eckentgeltgruppe den Schlüssel 100 % zuzuteilen. In dem Beispiel sind die Arbeitsaufgaben entsprechend ihren Gesamtanforderungen in acht definierte Gruppen eingeordnet.

Gruppe	2	3	4	5	6	7	8	9
Lohnschlüssel in %	81	84	88,5	93,5	100	110	120	133
tariflicher Grundlohn in DM/h					Eck-lohn siehe Tarifvertrag			

Bild 6

Zuordnung von Grundlohn zum Lohnschlüssel (am Beispiel des Tarifvertrags für die Metallindustrie Hessen vom 30.6.1984)

Erschwerniszulagen

Die Umgebungseinflüsse können in den Entgeltgruppen berücksichtigt sein. Es gibt aber auch Verfahren der summarischen Arbeitsbewertung ohne Berücksichtigung der Umgebungseinflüsse in den Entgeltgruppenbeschreibungen, bei denen für bestimmte Umgebungseinflüsse besondere Erschwerniszulagen gewährt werden. Bei genauer Betrachtungsweise ist in solchen Fällen bereits ein Teilschritt von der summarischen zur analytischen Arbeitsbewertung vollzogen.

2.3 Analytische Arbeitsbewertung

analytische Arbeitsbewertung

Unter analytischer Arbeitsbewertung werden Methoden zur anforderungsabhängigen Entgeltdifferenzierung verstanden, bei denen die Anforderungen des Arbeitssystems an den Menschen mit Hilfe von Anforderungsarten ermittelt werden.

Wertzahlsumme, Arbeitswert

Das Ergebnis der Anforderungsermittlung wird als Wertzahlsumme ausgewiesen, die auch mit Arbeitswert- oder Punktsumme bezeichnet wird. Vielfach ist eine Bündelung der Arbeitswerte beziehungsweise Punkte zu Arbeitswertgruppen üblich.

Anforderungsermittlung

Die Anforderungsermittlung ist im Teil „Anforderungsermittlung (Arbeitsbewertung)" der MLBO ausführlich beschrieben. Sie besteht aus der Beschreibung von Arbeitssystemen sowie der Analyse und der Quantifizierung ihrer Anforderungen an den Menschen. Sie wird im wesentlichen zur anforderungsabhängigen Entgeltdifferenzierung, zur Personalorganisation und zur Arbeitsgestaltung verwendet.

anforderungsabhängige Entgeltlinie

In der Praxis sind die anzuwendenden Methoden der analytischen Arbeitsbewertung meist in Tarifverträgen oder durch Betriebsvereinbarung geregelt. Für den Übergang von der Wertzahlsumme beziehungsweise dem Arbeitswert oder der Punktsumme zum Entgelt gibt es keine einheitliche Regelung. Die anforderungsabhängigen Entgeltlinien hängen unter anderem von der höchst erreichbaren Wertzahlsumme ab.

In der betrieblichen Praxis wird die maximale theoretische Gesamtpunktzahl nicht erreicht, weil an keinem Arbeitsplatz bei jeder Anforderungsart die höchste Punktzahl erreicht werden kann.

Beispiel Rangreihenverfahren

In dem Lohnrahmenabkommen der Eisen-, Metall- und Elektroindustrie Nordrhein-Westfalens ist außer dem Lohngruppenverfahren auch eine analytische Arbeitsbewertung nach dem Rangreihenverfahren tarifvertraglich vereinbart. Ausgangspunkt für den anforderungsabhängigen Lohnbestandteil ist hier der Tariflohn der untersten Lohngruppe (Lohngruppe L, ab 1.4.1988 DM 10,75). Der Steigerungsbetrag in Dpf/Arbeitswert ist tarifvertraglich vereinbart. Er ist in Abhängigkeit von den ansteigenden Arbeitswerten mit unterschiedlichen Steigerungsfaktoren zu multiplizieren. Im Bild 7 sind diese Steigerungsfaktoren wiedergegeben. Die Tabelle – in ein Koordinatensystem umgesetzt – ergibt die im Bild 8 dargestellte anforderungsabhängige Lohnlinie. Es handelt sich hier um eine unstetige progressive Lohnlinie.

Bild 7 gibt einen Überblick über die unterschiedlichen Steigerungsbeträge (einschließlich Steigerungsfaktoren) und zeigt die Ermittlung des Lohnes für den Arbeitswert 21.

Tariflohn der untersten Lohngruppe	DM/h	10,75
Steigerungsbetrag für die Arbeitswerte über 10–11	DM/h	0,1664
Steigerungsbetrag 1 (für die Arbeitswerte über 11–12 bis über 14–15)	DM/h	0,1776
Steigerungsbetrag 2 = 1,1 × Steigerungsbetrag 1 (für die Arbeitswerte über 15–16 bis über 29–30)	DM/h	0,1954
Steigerungsbetrag 3 = 1,3 × Steigerungsbetrag 1 (für die Arbeitswerte über 30–31)	DM/h	0,2309
Der Lohn für den Arbeitswert 21 wird dann wie folgt ermittelt:		
Tariflohn unterste Lohngruppe	DM/h	10,75
+ Steigerungsbetrag AW 10–11	DM/h	0,1664
+ 4 × Steigerungsbetrag I = 4 × 0,1776	DM/h	0,7104
+ 6 × Steigerungsbetrag 2 = 6 × 0,1954	DM/h	1,1742
	DM/h	12,7992
gerundet	DM/h	12,80

Bild 7

Bestimmung des Arbeitswertlohns laut Lohnrahmenabkommen der Eisen-, Metall- und Elektroindustrie Nordrhein-Westfalens vom 5.5.1987

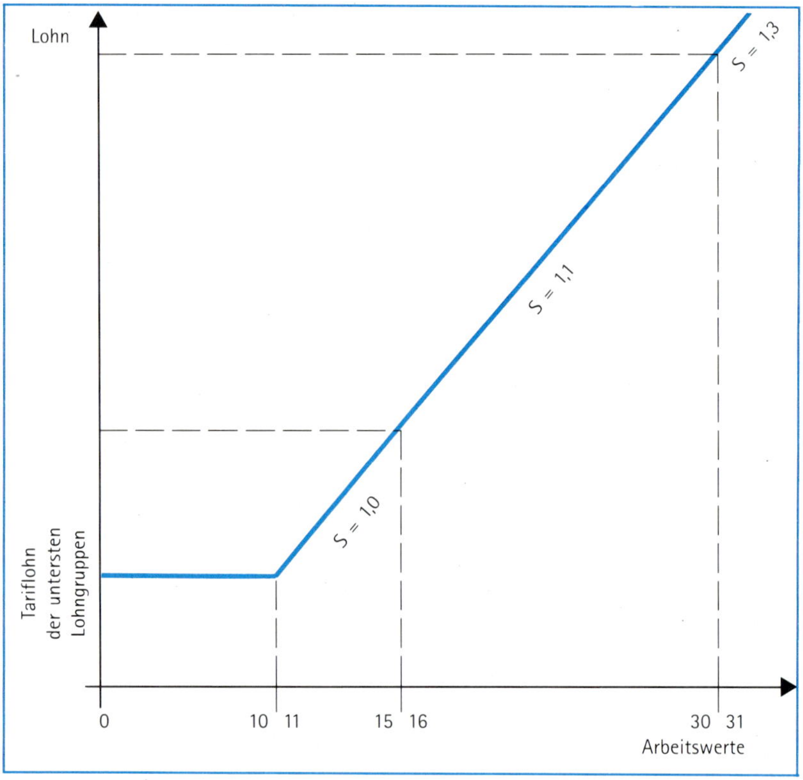

Bild 8

Arbeitswertlohn der analytischen Arbeitsbewertung der Eisen-, Metall- und Elektroindustrie Nordrhein-Westfalens laut Lohnabkommen vom 5.5.1987

Beispiel Stufenwertzahlverfahren

In dem Stufenwertzahlverfahren der „Analytischen Arbeitsbewertung für die Metallindustrie in Rheinland-Pfalz" sind zur anforderungsabhängigen Lohndifferenzierung zehn Arbeitswertgruppen gebildet (siehe Bilder 9 und 10). Die Wertzahlsumme wird hier in Punkten ausgewiesen. Jeweils 2,5 Punktwerte sind zu einer Arbeitswertgruppe zusammengefaßt, so daß sich aufgrund der bei diesem Verfahren festgesetzten oberen Begrenzung von 30 Punktwerten insgesamt zehn Arbeitswertgruppen ergeben. Die anforderungsabhängige Steigerung des Lohnes je Arbeitswertgruppe wird hier durch Arbeitswertgruppenschlüssel ausgedrückt, wie es aus der Tabelle im Bild 9 hervorgeht. Hieraus ergibt sich die im Bild 10 dargestellte Lohnlinie, die einen progressiven Verlauf aufweist. Außer in der Arbeitswertgruppe 03, die die Punkte 0,5 bis 7,5 umfaßt, ist jeweils eine Punktspanne von 2,5 vorhanden.

Punktwerte	Arbeitswertgruppe	Arbeitswertgruppen-schlüssel
0,5– 7,5	03	82,0
8,0–10,0	04	85,1
10,5–12,5	05	90,3
13,0–15,0	06	96,2
15,5–17,5	07	102,5
18,0–20,0	08	109,2
20,5–22,5	09	116,6
23,0–25,0	10	124,0
25,5–27,5	11	132,5
28,0–30,0	12	141,0

Arbeitswertgruppenschlüssel in Abhängigkeit von Arbeitswertgruppen und Punktwerten (analytische Arbeitsbewertung für die Metallindustrie in Rheinland-Pfalz vom 7.3.1974) Bild 9

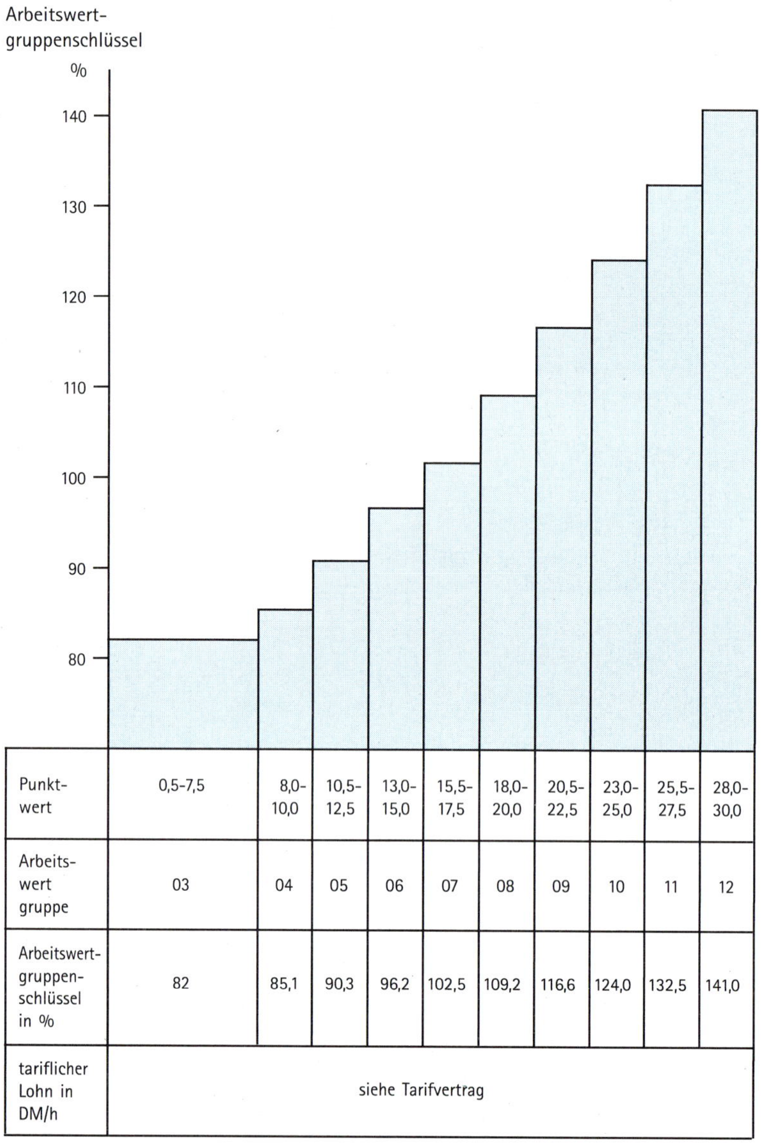

Punkt-wert	0,5-7,5	8,0-10,0	10,5-12,5	13,0-15,0	15,5-17,5	18,0-20,0	20,5-22,5	23,0-25,0	25,5-27,5	28,0-30,0
Arbeits-wert gruppe	03	04	05	06	07	08	09	10	11	12
Arbeitswert-gruppen-schlüssel in %	82	85,1	90,3	96,2	102,5	109,2	116,6	124,0	132,5	141,0
tariflicher Lohn in DM/h	siehe Tarifvertrag									

Bild 10 Darstellung der Zuordnung von Punktwerten 0 - 30 zu Arbeitswertgruppen 03 - 12 und des Arbeitswertgruppenschlüssels in % (Tarifvereinbarung über analytische Arbeitsbewertung für die Metallindustrie in Rheinland-Pfalz vom März 1974)

Kapitel 3

Leistungsabhängige Entgeltdifferenzierung

3.1 Einführung

Zeitlohn, Akkordlohn, Prämienlohn

Mit Hilfe von Bild 2 wurde bereits verdeutlicht, daß sich bei den in der Praxis vorkommenden Entlohnungsgrundsätzen, dem Zeitlohn, dem Akkordlohn und dem Prämienlohn, der Lohn aus anforderungsabhängigen und leistungsabhängigen Bestandteilen zusammensetzen kann. Dies gilt im Grundsatz auch für den Gehaltsaufbau.

Vorgehen

Im folgenden wird innerhalb der Entlohnungsgrundsätze und -methoden das Vorgehen bei der leistungsabhängigen Entgeltdifferenzierung dargestellt. Dabei stehen im Vordergrund der Betrachtung

- die Ermittlung geeigneter leistungsabhängiger Kennzahlen und
- die Darstellung der Abhängigkeit des Lohnes von diesen Kennzahlen in Form der Lohnlinie.

Überblick

Bild 11 gibt einen Überblick über die verschiedenen Möglichkeiten der leistungsabhängigen Entgeltdifferenzierung, die den folgenden Ausführungen zugrunde liegt. Der Erörterung des Akkordlohns, Prämienlohns, anderer Formen des Leistungslohns und des Zeitlohns mit Leistungszulage im einzelnen sollen zunächst einige Bemerkungen zum Leistungsbegriff vorausgeschickt werden.

um im Akkord arbeiten zu können braucht man:

- Kennzahlen
- beeinflußbare Tätigkeiten
- Vorgabezeit
- höhere Stückzahlen

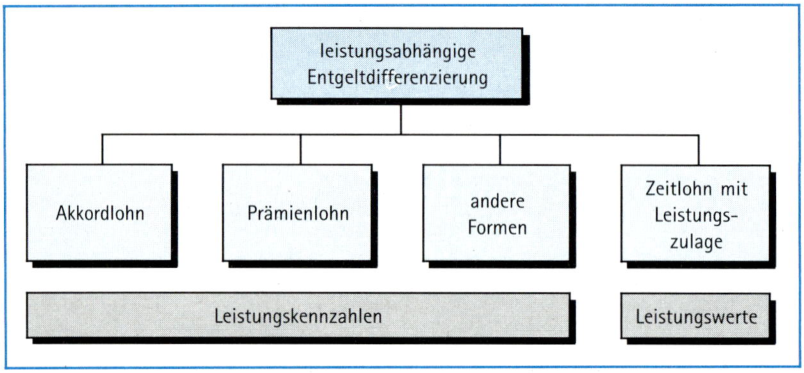

Bild 11 Leistungsabhängige Entgeltdifferenzierung

3.1.1 Leistungsbegriff und Ziele der leistungsabhängigen Entgeltdifferenzierung

Leistung von Arbeitssystemen

Im Arbeitsstudium wird unter Leistung das Arbeitsergebnis je Zeiteinheit verstanden. Diese Leistung interessiert aus dem Blickpunkt der leistungsabhängigen Entgeltdifferenzierung aber nur insoweit, als sie vom arbeitenden Menschen beeinflußbar ist.

Auswahl geeigneter Kennzahlen

Ziel der leistungsabhängigen Entgeltdifferenzierung ist es also, den arbeitenden Menschen zu einer Steigerung seiner Leistungshergabe zu veranlassen, indem sein Entgelt auch von seiner Leistung abhängig gemacht wird. Diese Wirkung ist aber nur dann zu erwarten, wenn die Leistung auch über Kennzahlen erfaßt wird. Die Auswahl entsprechender Kennzahlen vor allem bei höher mechanisierten Arbeitssystemen ist ein Kernproblem der leistungsabhängigen Entgeltdifferenzierung aus der Sicht des Arbeitsstudiums.

Im Bild 12 ist analysiert, welche Möglichkeiten einer quantitativen Erfassung der Leistung des Menschen in Arbeitssystemen bestehen. Es zeigt sich, daß hierfür ausschließlich Mengen und Zeiten und daraus abgeleitete Verhältniszahlen in Frage kommen.

quantitative Erfassung von Arbeitssystemen

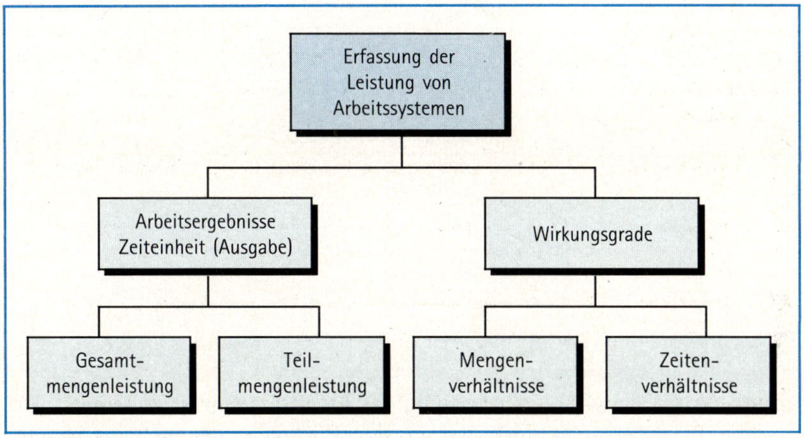

Leistungserfassung bei Arbeitssystemen und davon abgeleitete Leistungskennzahlen

Bild 12

3.1.2 Leistungsabhängige Kennzahlen

Im Mittelpunkt der leistungsabhängigen Entgeltdifferenzierung steht die Ermittlung geeigneter Kennzahlen (siehe Bild 13).

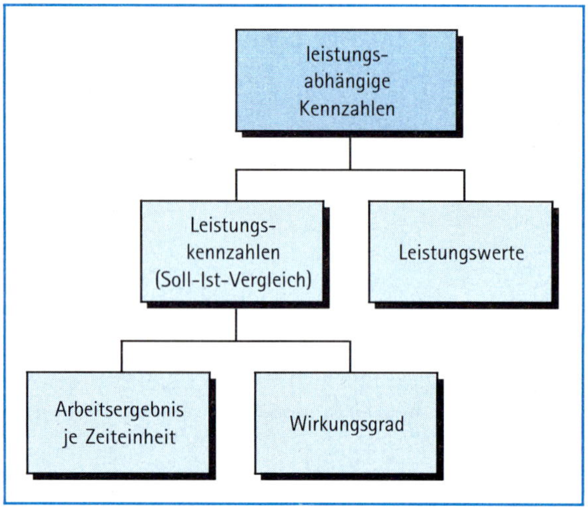

Bild 13 Übersicht über mögliche Kennzahlen

leistungsabhängige Kennzahlen

Leistungsabhängige Kennzahlen sind Daten für die im Teil „Grundlagen der Arbeitsgestaltung" der MLBO, Abschnitt 4.1.3, definierte Leistung eines Arbeitssystems, soweit dieses vom arbeitenden Menschen beeinflußt werden kann.

Als Kennzahlen kommen vor allem aus Mengen sowie Zeiten gebildete Verhältniszahlen in Frage. Dabei ist die Menge das Arbeitsergebnis des Arbeitssystems bei bestimmter Qualität. Häufig werden verwendet:

1) Das Verhältnis von Ist- zu Soll-Mengenleistung sowie von Soll- zu Ist-Zeit und
2) der Wirkungsgrad von Arbeitssystemen, vor allem Verhältnis von Eingabe- zu Ausgabemengen sowie der Nutzungsgrad von Betriebsmitteln.

Neben diesen Leistungskennzahlen gibt es noch

3) die Leistungswerte, die mit Hilfe der Leistungsbewertung bestimmt werden.

Ausgehend von den im Bild 12 zusammengestellten Möglichkeiten ist es Aufgabe der leistungsabhängigen Entgeltdifferenzierung, diejenigen Leistungskennzahlen oder Kombinationen von Leistungskennzahlen zu ermitteln, die bei dem jeweiligen Arbeitssystem vom Menschen beeinflußt werden können, und deren Beeinflussung zu einer Veränderung des Leistungsergebnisses führt.

Aufgaben der leistungsabhängigen Entgeltdifferenzierung

Können solche Leistungskennzahlen nicht gefunden werden, dann bleibt die Möglichkeit, sich am Erscheinungsbild menschlicher Leistung direkt zu orientieren. Diese Form der Erfassung menschlicher Leistung liegt dem Leistungsgradbeurteilen zugrunde. Hierbei wird die Intensität und Wirksamkeit der Bewegungsausführung beobachtet und daraus auf den Beitrag des arbeitenden Menschen zur Mengenleistung des Arbeitssystems geschlossen. Diese Beobachtungen können auf wesentliche weitere Merkmale menschlicher Leistung, wie zum Beispiel auf die Gründlichkeit und Zuverlässigkeit bei der Erfüllung unterschiedlicher Arbeitsaufgaben, erweitert werden. Unter Verwendung eines Vorgehens, welches dem der Arbeitsbewertung entspricht, werden so Leistungswerte gewonnen, die ebenfalls als Kennzahlen zur leistungsabhängigen Entgeltdifferenzierung geeignet sind. Dieses Vorgehen liegt der Leistungsbewertung, die zum Zeitlohn mit Leistungszulagen führt, zugrunde (siehe auch Abschnitt 3.5).

Leistungswerte

3.1.3 Lohnlinienverläufe

Lohnlinienverläufe

Die Lohnlinie ist hier die grafische Darstellung von Abhängigkeiten der anforderungs- beziehungsweise leistungsabhängigen Lohnhöhe von entsprechenden Kennzahlen. In Bild 14 ist eine Übersicht möglicher Lohnlinienverläufe wiedergegeben. Entsprechendes gilt auch für Gehaltslinienverläufe.

Diskussion der verschiedenen Lohnlinienverläufe

Ein linearer Lohnlinienverlauf hat den Vorteil, daß die Zusammenhänge leicht verständlich und daß solche Lohnlinien einfach in der Anwendung sind. Progressive und degressive Lohnlinien werden bevorzugt, wenn es bei den Kennzahlen einen optimalen Bereich gibt, zum Beispiel bei Nutzungsgraden von Betriebsmitteln. Bei einem progressiven Verlauf liegt der optimale Bereich bei hohen Kennzahlen (zum Beispiel bei einem hohen Ersparnisgrad). Bei einem degressiven Verlauf soll das Erreichen hoher Werte der Kennzahlen gedämpft werden. In der Praxis werden die Abhängigkeiten auch in Tabellenform dargestellt, weil sich diese schneller und eindeutiger ablesen lassen.

Lohnlinien beim Akkord- und Prämienlohn

Welcher Lohnlinienverlauf im jeweiligen Einzelfall zweckmäßig ist, hängt von vielerlei Umständen ab. Praktische Anwendungsbeispiele für die verschiedenen Lohnlinienverläufe finden sich vor allem beim Prämienlohn. Vorab sei darauf hingewiesen, daß dem Akkordlohn eine proportionale Lohnlinie mit dem Steigungsfaktor S = 1 zugrundeliegt. Dies bedeutet, daß die Lohnlinie unter einem Winkel von 45° verläuft, wenn für die Ordinate L und die Abszisse K der gleiche Maßstab gewählt wird. Beim Akkordlohn ist die Lohnlinie nach oben üblicherweise nicht begrenzt.

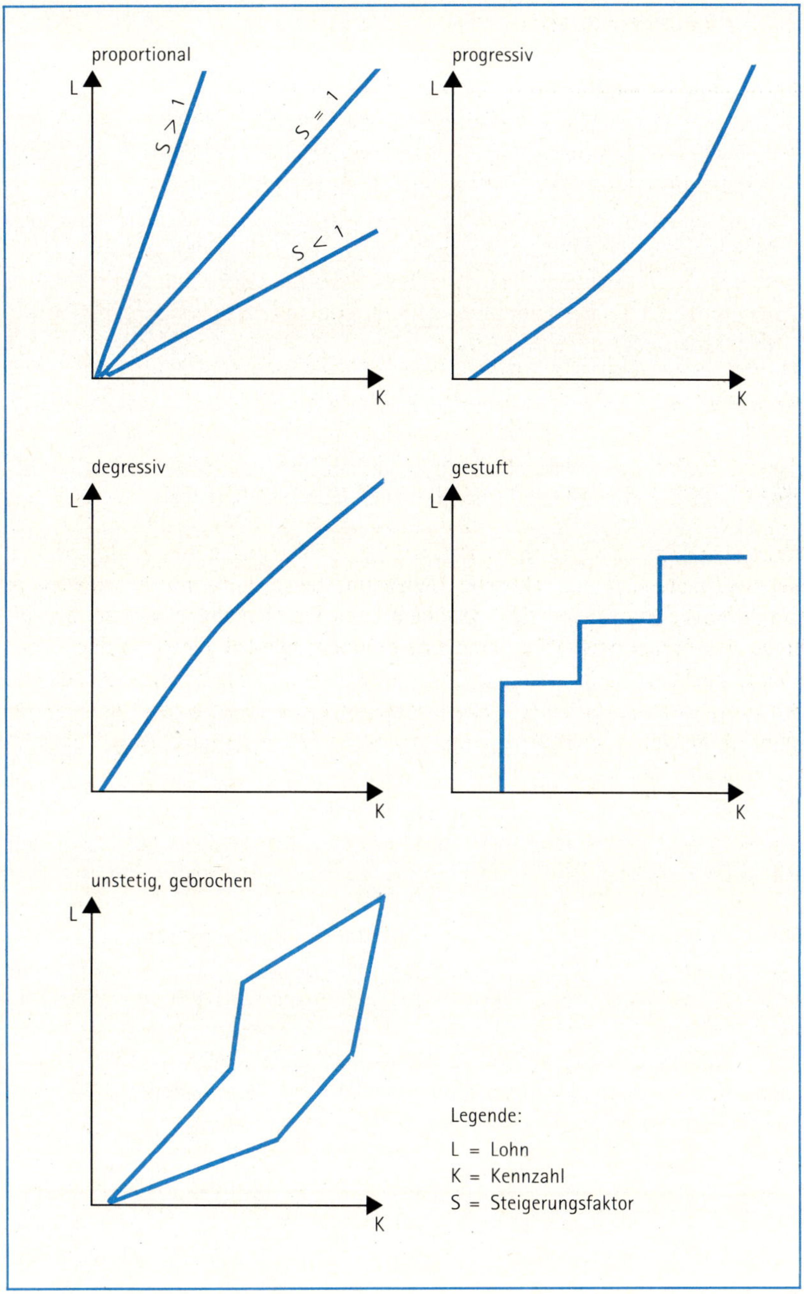

Beispiele für Lohnlinienverläufe Bild 14

3.2 Akkordlohn

3.2.1 Grundlagen

Akkordlohn

Akkordlohn ist ein Entlohnungsgrundsatz, bei dem der Lohn in der Regel anforderungs- und leistungsabhängig differenziert wird. Als Leistungskennzahl wird die vom Menschen beeinflußbare Mengenleistung beziehungsweise der daraus abgeleitete Zeitgrad benutzt. Der Zeitgrad ist auf eine bestimmte Bezugsleistung bezogen (siehe Teil 2 der MLA, Abschnitt 3.3.3). Die Lohnlinie verläuft üblicherweise proportional mit dem Steigungsmaß S = 1.

durch die menschliche Leistung bedingte Mehrleistung

Beim Akkordlohn besteht eine direkte Abhängigkeit des Lohns von der erzielten Mengenleistung, zum Beispiel ergeben 20 % mehr Stück je Stunde 20 % mehr Lohn je Stunde. Dabei wird davon ausgegangen, daß die Mehrleistung vom Leistungsgrad des arbeitenden Menschen bestimmt wird und nicht von Veränderungen im Arbeitsverfahren, der Arbeitsmethode, der Arbeitsbedingungen oder von Veränderungen technologischer Daten im Arbeitssystem herrührt.

Lohnhöhe, Lohnkosten

Im Bild 15 sind die Lohnlinie L und – ganz allgemein – die Fertigungslohnkostenlinie FLK beim Akkordlohn wiedergegeben. Ausgangspunkt der Betrachtung ist der Punkt, bei dem die relative Lohnhöhe 1,0 und die relative Mengenleistung 1,0 sind. Die Lohnlinie L = f(M) verdeutlicht, daß die prozentuale Lohnhöhe (auch Verdienstgrad genannt) in jedem Punkt der Lohnlinie gleich der prozentualen Mengenleistung (zum Beispiel dem Zeitgrad) ist; es entspricht L = M. Dagegen sind die Fertigungslohnkosten je Mengeneinheit (zum Beispiel in DM/Stück) unabhängig von der erzielten Mengenleistung; das heißt FLK = f(M) = const.

Zeitakkordlohn, Zeitgrad

Normalerweise wird unter dem Begriff Akkordlohn der Zeitakkordlohn verstanden. Die Leistungskennzahl ist hierbei der Zeitgrad. Die Ermittlung des Zeitgrades setzt Vorgabezeiten voraus. Dazu sind im Teil 2, Datenermittlung, der Methodenlehre des Arbeitsstudiums alle Einzelheiten erläutert (siehe dort auch die Definition des Zeitgrades in Abschnitt 10.2.2). Zwischen Vorgabezeit (Zeit/Mengeneinheit oder Zeit/Auftrag) und vorgegebener Mengenleistung (Menge/Zeiteinheit) besteht lediglich ein rechnerischer Unterschied.

andere Akkordlöhne

Es gibt aber auch noch im geringen Umfang ausgehandelte Akkordlöhne, Faust- oder Meisterakkordlöhne, bei denen die vom Menschen erwartete beeinflußbare Mengenleistung beziehungsweise Auftragszeit ohne die direkte Anwendung der Methoden des Arbeitsstudiums festgelegt werden.

Einzel- und Gruppenakkordlohn

Je nachdem, ob die Auftragszeit und damit die Ausführungszeit einer Person oder mehrerer Personen gemeinsam vorgegeben wird, wird zwischen Einzel- und Gruppenakkordlohn unterschieden. Die Besonderheiten der Datenermittlung bei Gruppenarbeit sind im Teil 2, „Datenermittlung", Abschnitt 9.1, der MLA erläutert.

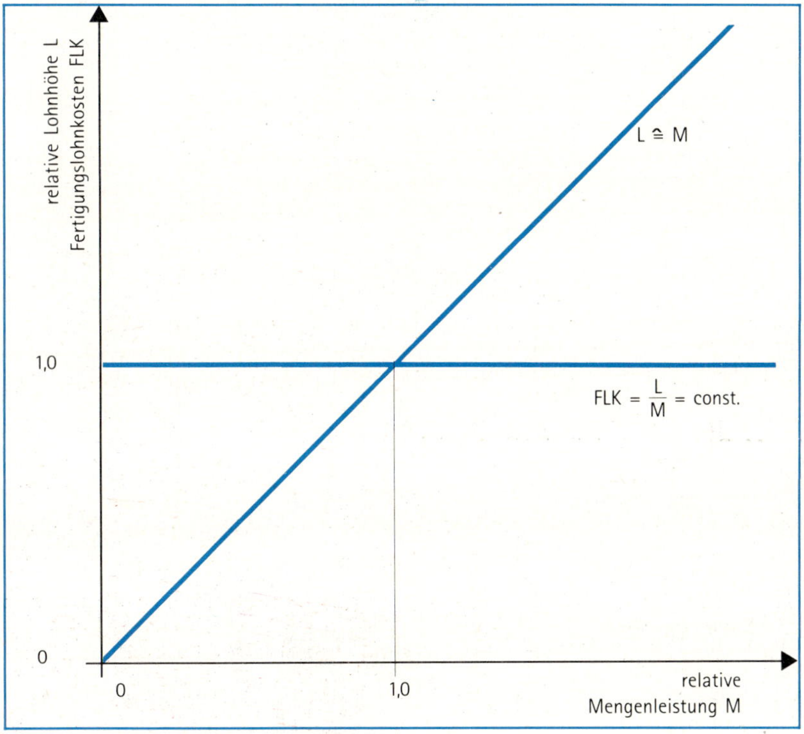

Lohnlinie und Lohnkostenlinie bei Akkordlohn

Bild 15

zwei Beispiele

An zwei Beispielen soll die Errechnung des Akkordlohns verdeutlicht werden:

1) auftragsweise Abrechnung (siehe Bild 16)

Auftragszeit

Ein Auftrag bestehe beispielsweise in der Montage von 10 Getrieben. Der Ablauf ist voll beeinflußbar. Die Auftragszeit beträgt T = 5,00 h (300 min). Im Tarifvertrag sei festgelegt, daß für diese Aufgabe bei Normalleistung der anforderungsabhängig ermittelte Grundlohn 12,– DM/h beträgt. Dieser Lohnsatz wird oft mit Akkordrichtsatz bezeichnet. Erfüllt der Mitarbeiter den Auftrag in 5 Stunden, so beträgt der anforderungs- und leistungsabhängige Akkordlohn 60,– DM/Auftrag beziehungsweise 12,– DM/h. Werden aufgrund eines höheren Leistungsgrades statt 300 min nur 255 min benötigt, so beträgt der Zeitgrad:

$$\textbf{Zeitgrad in \%} = \frac{\textbf{vorgegebene Auftragszeit}}{\textbf{Ist-Auftragszeit}} \cdot \textbf{100}$$

$$= \frac{300}{255} \cdot 100 = 117{,}6\ \%$$

Lohn, Lohnkosten

Aufgrund der Mehrleistung von 17,6 % über die vorgegebene Mengenleistung hinaus ergibt sich ein um 17,6 % höherer Lohn je Stunde. Der Lohn je Stunde beträgt jetzt 14,11 DM/h. Die Fertigungslohnkosten je Auftrag betragen unabhängig vom Zeitgrad stets 60,– DM/Auftrag.

2) periodenweise Abrechnung (siehe Bild 17)

abgerechnete Vorgabeminuten

Der Akkordrichtsatz betrage in einem anderen Falle zum Beispiel 12,– DM/h; dem entsprechen 0,20 DM/min. Dieser Geldbetrag wird auch Minutenfaktor oder Geldfaktor genannt. Für jede abgerechnete Minute vorgegebener Auftragszeit wird dieser Minutenfaktor bezahlt. Werden zum Beispiel in einem Monat (= 20 Arbeitstage) – Abrechnungsperiode – von dem Mitarbeiter 11 520 Minuten an Auftragszeit abgerechnet, so entspricht dies in diesem Monat einer Lohnhöhe von 2 304,– DM/Monat. Bei einer Arbeitszeit in diesem Monat von 9 600 min, während der der Mitarbeiter ausschließlich im Akkordlohn beschäftigt war, errechnet sich ein Zeitgrad von 120 %.

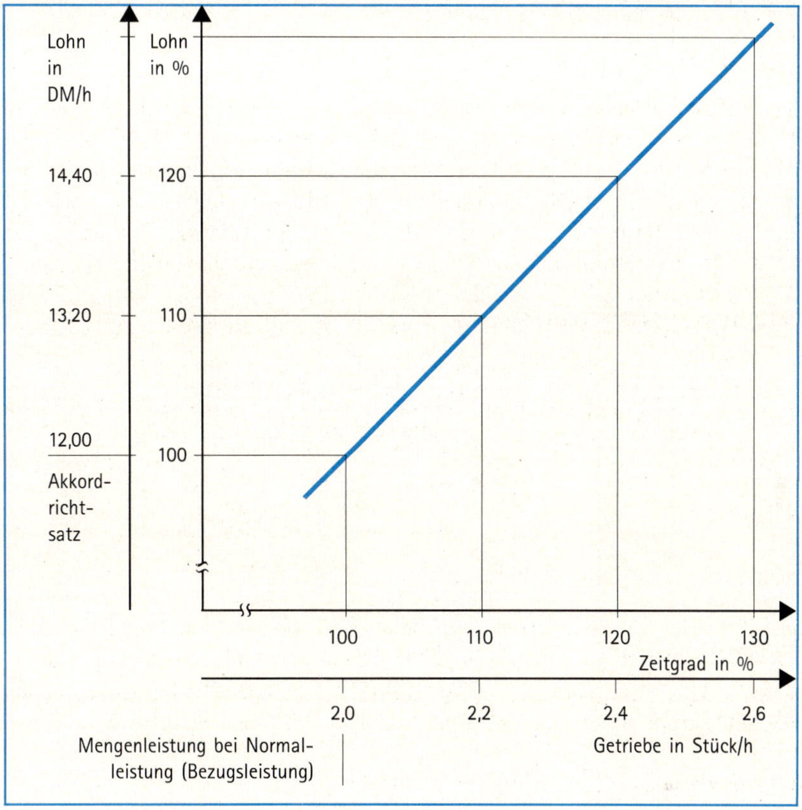

Beispiel für Zeitakkordlohn bei auftragsweiser Abrechnung Bild 16

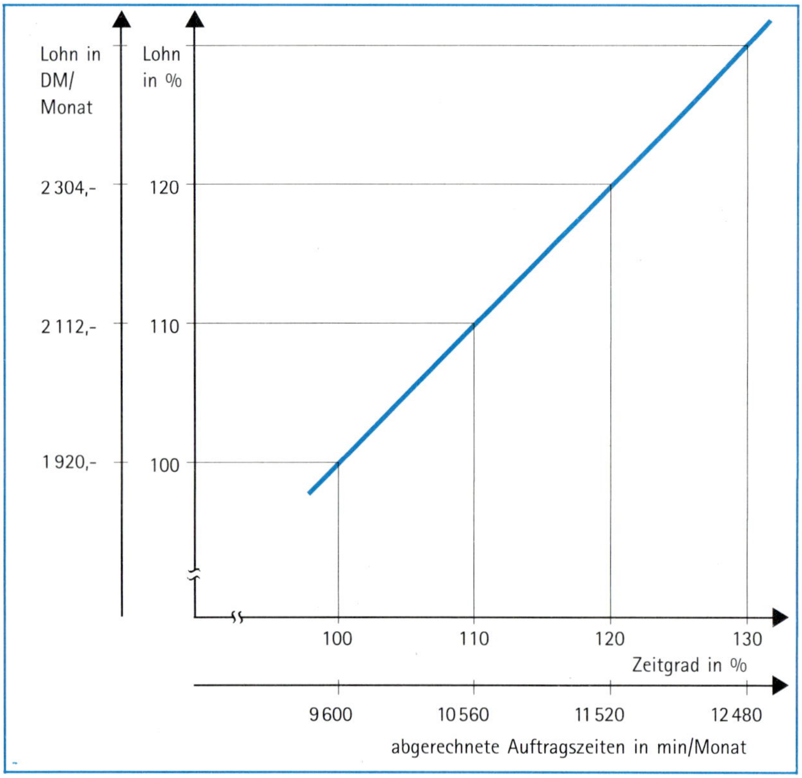

Bild 17 Beispiel für Zeitakkordlohn bei periodenweiser Abrechnung

Zeitgrad

Die Gleichung für den Zeitgrad lautet in diesem Falle:

$$\textbf{Zeitgrad in \%} = \frac{\textbf{Summe der abgerechneten Vorgabezeiten in einer Periode}}{\textbf{Summe der Ist-Zeiten in der Periode, während der im Akkord gearbeitet wurde}} \cdot 100$$

$$= \frac{11\,520}{9\,600} \cdot 100 = 120\ \%$$

Lohn, Lohnkosten

Aufgrund der Mehrleistung von 20 % über die vorgegebene Mengenleistung hinaus ergibt sich ein um 20 % höherer Lohn je Stunde. Der Lohn je Stunde beträgt jetzt 14,40 DM/h. Die auftragsbezogenen Fertigungslohnkosten betragen unabhängig vom Zeitgrad stets 1 920 DM/Monat.

3.2.2 Zeit- und Geldakkordlohn, Gedinge

Zeitakkordlohn

Grundlage des Zeitakkordlohnes ist die Vorgabezeit je Auftrag (Auftragszeit) oder je Mengeneinheit (Zeit je Einheit). Die weite Verbreitung des Zeitakkordlohnes hat im wesentlichen folgende Gründe:

- Der Zusammenhang zwischen Leistung und Lohn ist einfach und übersichtlich. Um eine motivierende Wirkung zu haben, ist das eine wichtige Voraussetzung.
- Die Ermittlung dieser Vorgabezeit als Auftragszeit setzt eine intensive Untersuchung und Gestaltung des Arbeitsablaufs und der Arbeitsbedingungen des betreffenden Arbeitssystems voraus.
- Die Verwendung der Vorgabezeiten im Rahmen der Planung und Steuerung sowie zur Vor- und Nachkalkulation der Selbstkosten ist für jedes Unternehmen von Bedeutung.

Geldakkordlohn

Beim Geldakkordlohn wird der Lohn, den die Arbeitsperson je erbrachter Mengeneinheit erhält, unmittelbar festgelegt oder vereinbart. Für die doppelte Menge gibt es also das doppelte Geld unabhängig von der gebrauchten Zeit. Wie aus Bild 18 zu ersehen ist, stellt beim Geldakkordlohn die Kennzahl keine Verhältniszahl dar, sondern die absolute Menge in Mengeneinheiten.

Anwendung

Geldakkordlohn gibt es teilweise im Handwerk, in der Bauindustrie, in Gießereien und in der Heimarbeit. Im Unterschied zum Zeitakkordlohn ist es beim Geldakkordlohn im allgemeinen notwendig, bei Lohnänderungen – zum Beispiel Änderung des tariflichen Grundlohns – die Geldbeträge anzupassen.

Gedinge

Im Bergbau ist für bergmännische Arbeiten unter Tage das Gedinge die allgemein übliche Form einer leistungsabhängigen Entlohnung. Nach den tariflichen Bestimmungen wird bei Verwendung der bekannten Methoden der Datenermittlung eine Soll-Leistung zwischen den Gedingevertragsparteien vereinbart. Diese so ermittelte Soll-Leistung kann durch Umrechnung mit dem Tarifschichtlohn auch als Gedingesatz (Geldfaktor je Einheit) ausgewiesen werden. Als Bezugsmaß kommen unter anderem Wagen, Meter, Kubikmeter oder Stempel vor. Das Gedinge wird so vereinbart, daß der im Gedinge stehende Arbeitnehmer bei normaler Leistung den Tarifschichtlohn seiner Lohngruppe (Gedingeschichtlohn) verdienen kann.

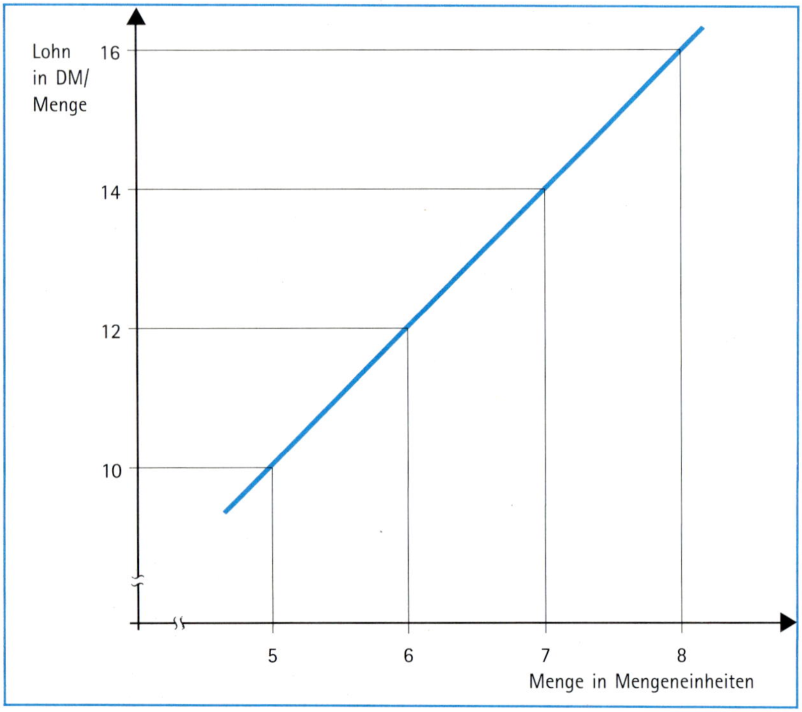

Bild 18 Beispiel für Geldakkordlohn

3.2.3 Voraussetzungen für die Anwendung

allgemeine Voraussetzungen

Es gibt neben den rechtlichen mehrere weitere Voraussetzungen für die Anwendung des Akkordlohnes:

1) menschengerechte Arbeitsgestaltung

Das Arbeitssystem soll nach arbeitswissenschaftlichen Erkenntnissen menschengerecht gestaltet und der ausführende Mensch muß für die Arbeit im Akkordlohn geeignet sein.

2) ablauforganisatorisch

Der Arbeitsablauf soll so geplant, gestaltet und gesteuert sein, daß möglichst keine wesentlichen Störungen auftreten.

3) betriebswirtschaftlich

Der Aufwand für die Ermittlung und Abrechnung der Vorgabezeiten muß sich in wirtschaftlichen Grenzen bewegen. Diese Frage läßt sich mitunter deshalb schwierig mit Zahlen belegen, weil Vorgabezeiten im Unternehmen eine vielseitige Verwendung finden, zum Beispiel für Fertigungssteuerung.

4) personell

Dem Betrieb muß ausreichend geschultes Arbeitsstudienpersonal zur Verfügung stehen, das imstande ist, Vorgabezeiten sachgerecht zu ermitteln, zu überwachen und zu überprüfen.

spezielle Voraussetzungen

Weiterhin ist zu prüfen, ob die im Akkordlohn zu vergebenden Arbeitsaufgaben für diesen Entlohnungsgrundsatz geeignet sind:

- Vorherbestimmbarkeit des Arbeitsablaufs und der Arbeitsbedingungen
- Reproduzierbarkeit der Vorgabezeiten
- Beeinflußbarkeit der Mengenleistung durch den Menschen.

Vorherbestimmbarkeit

Die Ermittlung und Verwendung von Auftragszeiten zur Akkordentlohnung setzen voraus, daß

- der Arbeitsablauf, das heißt das Arbeitsverfahren und die Arbeitsmethode, vorhersehbar beziehungsweise planbar ist und
- die Arbeitsbedingungen weitgehend konstant sind.

Liegen diese Voraussetzungen nicht oder nur in begrenztem Umfange vor, so sollte von der Vergabe im Akkordlohn abgesehen und geprüft werden, ob Lösungen möglich sind, die den besonderen Umständen Rechnung tragen.

Reproduzierbarkeit

Im Teil 2, „Datenermittlung", Abschnitt 1.1, der MLA wurde schon erläutert, daß eine Reproduzierbarkeit von Zeiten nur gewährleistet ist, wenn folgende Voraussetzungen erfüllt sind:

- Der Arbeitsablauf muß beschrieben sein
- die Arbeitsbedingungen müssen bekannt sein
- die Zeiten müssen bestimmten statistischen Anforderungen genügen.

Bei der Verwendung von Vorgabezeiten zur Akkordentlohnung ist deren reproduzierbare Ermittlung von besonderer Bedeutung. Erreicht der Mensch den erwarteten Zeitgrad nicht, so kann dies unter anderem eine Ursache in einer falschen Vorgabezeit haben. Eine Reklamation kann nur dann sachlich geprüft werden, wenn das Vorgehen bei der Ermittlung der Vorgabezeit reproduzierbar ist. Es muß zum Beispiel überprüft werden können, ob sich die Arbeitsmethode oder sogar das Arbeitsverfahren verändert haben oder aber der Leistungsgrad falsch beurteilt worden ist.

Beeinflußbarkeit

Bei der Arbeitsverrichtung in der Serienfertigung mit einem hohen Anteil beeinflußbarer Tätigkeiten, zum Beispiel Montage jeglicher Art, hängt bei gegebener Arbeitsmethode die Mengenleistung besonders vom Übungsgrad der Mitarbeiter ab. In der Kleinserien- und Einzelfertigung steckt, wenn die Arbeits-methode nicht detailliert vorgeschrieben ist, in der Arbeitsweise, das heißt in der individuellen Ausnutzung des Spielraums der Arbeitsmethode, eine wesentliche Möglichkeit der Beeinflussung der Mengenleistung durch den Menschen. Bei Arbeit an Maschinen ist der zeitliche Anteil beeinflußbarer Ablaufabschnitte oft gering; die Mengenleistung des Arbeitssystems hängt vorwiegend von den vorgegebenen technologischen Daten ab. Diese technologischen Daten, zum Beispiel Schnittgeschwindigkeit, Vorschub, Schnittiefe beim Zerspanen, Anzahl der Stiche bei Nähvorgängen, werden durch die Arbeitsplanung vorgegeben und dürfen vom Mitarbeiter nicht verändert werden.

Die Grenzen!

Abläufe mit unbeeinflußbaren Abschnitten

Die Anwendung des Akkordlohns setzt Arbeitsabläufe voraus, bei denen die Mengenleistung vom Menschen beeinflußt werden kann. Die Anwendung des Akkordlohns bei Arbeitssystemen, deren Mengenleistung überwiegend von den eingesetzten Betriebsmitteln beziehungsweise dem vorgeschriebenen Arbeitsverfahren abhängt, wirft folgende Probleme auf:

Zeitgrad und Leistungsgrad

1) Je größer der Anteil der Zeiten unbeeinflußbarer Ablaufabschnitte t_u, das heißt je kleiner der Anteil an Zeiten beeinflußbarer Ablaufabschnitte t_b an der Gesamtzeit wird, desto weniger kann der arbeitende Mensch die Mengenleistung des Arbeitssystems beziehungsweise den Zeitgrad beeinflussen (siehe hierzu Bild 19).

Zeitanteil in %		Fall a) Leistungsgrad const.		Fall b) Zeitgrad const.	
be-ein-fluß-bar	un-be-ein-fluß-bar	Leistungs-grad L während der beeinfluß-baren Ablauf-abschnitte %	errechneter Zeitgrad Z %	Zeitgrad Z %	errechneter, theoretisch erforderlicher Leistungs-grad L während der beeinflußbaren Ablauf-abschnitte %
100	0	120	120	120	120
80	20	120	115	120	126
60	40	120	111	120	138
50	50	120	109	120	150
40	60	120	107	120	171
20	80	120	103	120	>200

Beziehung zwischen Leistungsgrad und Zeitgrad bei unterschiedlichen Anteilen beeinflußbarer Ablaufabschnitte Bild 19

Für Fall a) errechnet sich bei einem gleichbleibenden Leistungsgrad des Menschen der erreichbare Zeitgrad nach folgender Formel:

$$\textbf{Zeitgrad Z in \%} = \frac{t_{\text{beeinflußb.}} + t_{\text{unbeeinflußb.}}}{\frac{t_{\text{beeinflußb.}}}{L} \cdot 100 + t_{\text{unbeeinflußb.}}} \cdot 100$$

Für den Fall b) errechnet sich der theoretisch erforderliche Leistungsgrad des Menschen unter der Voraussetzung, daß ein konstanter Zeitgrad erreicht werden soll, durch Umstellung der obigen Formel.

bedingt beeinflußbare Ablaufabschnitte

2) Bei bedingt beeinflußbaren Abläufen beziehungsweise Ablaufabschnitten steht dem Arbeitsplaner für die Festlegung der technologischen Daten ein bestimmter Bereich zur Verfügung. Werden Daten vorgegeben, die an der unteren Grenze dieses Bereichs liegen, so kann die Mengenleistung beziehungsweise der Zeitgrad durch das Ausnutzen dieses Bereichs durch die Arbeitsperson beeinflußt werden; liegen dagegen die Daten an der oberen Grenze, so ist der Ablauf für die Arbeitsperson weitgehend unbeeinflußbar. Diese Art der Beeinflussung der Mengenleistung durch die Arbeitsperson erfolgt demnach weniger durch einen höheren menschlichen Leistungsgrad, also durch höhere Intensität und Wirksamkeit der Bewegungsausführung, sondern durch ein durch Erfahrung gewonnenes „Gewußt wie" (Know-how).

Einfluß der Mechanisierung

3) Bei fortschreitender Mechanisierung nimmt der Anteil von Zeiten beeinflußbarer Ablaufabschnitte, bezogen auf das einzelne Arbeitssystem, ab. Will man auch weiterhin den Akkordlohn anwenden, muß man durch arbeitsablauforganisatorische Maßnahmen dafür sorgen, daß der Anteil an beeinflußbaren Abläufen, bezogen auf die einzelnen Mitarbeiter, noch so groß bleibt, daß der Einsatz dieses Entlohnungsgrundsatzes gerechtfertigt bleibt. In manchen Fällen wird dies nur zu erreichen sein, wenn man von Einstellenarbeit auf Mehrstellenarbeit übergeht. Dabei werden Zeiten mit unbeeinflußbarem, arbeitsablaufbedingtem Unterbrechen der Tätigkeiten (Wartezeiten) an der einen Stelle ausgefüllt durch Zeiten mit beeinflußbaren Tätigkeiten (Verrichtungszeiten, Überwachungszeiten, sachliche Verteilzeiten) an weiteren Stellen. Eine andere Möglichkeit ist die Zuteilung von Füllarbeiten. Ist während der unbeeinflußbaren Ablaufabschnitte eine Überwachung des Arbeitsablaufs nicht erforderlich, so können solche Ablaufabschnitte mit anderen Arbeitsaufgaben ausgefüllt werden.

andere Form der Entlohnung

Läßt sich trotz dieser oder ähnlicher Maßnahmen der Akkordlohn nicht anwenden, so sollte eine andere Form der leistungsabhängigen Entgeltdifferenzierung gewählt werden, wie dies in den folgenden Abschnitten beschrieben wird.

3.3 Prämienlohn

3.3.1 Grundlagen

Prämienlohn

Prämienlohn ist ein Entlohnungsgrundsatz, bei dem das Entgelt anforderungs- und leistungsabhängig differenziert wird. Als Leistungskennzahlen werden vom Menschen beeinflußbare Mengen-, Güte-, Nutzungs- und Ersparnisleistungsdaten oder deren Kombinationen benutzt.

Lohnlinie

Beim Prämienlohn sind alle im Bild 14 beispielhaft dargestellten Lohnlinien möglich.

Begriffe und Kurzzeichen

Im Bild 20 ist die Zuordnung des Prämienlohns zur Leistungskennzahl mit den in den weiteren Ausführungen verwendeten Begriffen und Kurzzeichen dargestellt. Als Beispiel ist hier eine degressive Lohnlinie gewählt. Danach bestimmen folgende Angaben den Aufbau einer Prämienentlohnung:

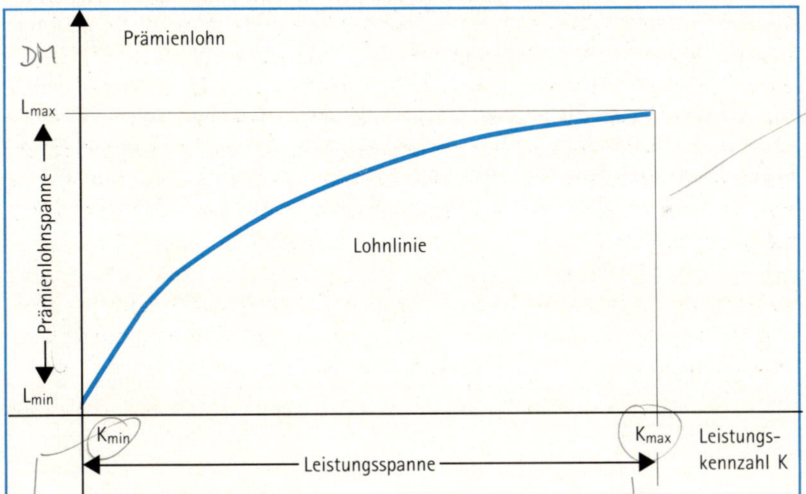

Grundbegriffe des Prämienlohns am Beispiel einer degressiven Lohnlinie — Bild 20

Leistungskennzahl

- *Benennung der Leistungskennzahl einschließlich ihrer Maßeinheit*

die Leistungskennzahl wird auch Bezugsgröße oder Einflußgröße genannt.

K_{min} und K_{max}

- *Zahlenwerte für die minimale und maximale Leistungskennzahl K_{min} und K_{max}*

sie begrenzen die Spannweite der Leistung des Arbeitssystems. Die Leistungskennzahl K_{min} wird auch Prämienausgangs-, Prämienanfangs-, Grund- oder Richtleistung genannt. K_{max} wird auch als Prämienendleistung bezeichnet.

Lohndaten

- *Festsetzung der Lohndaten L_{min} und L_{max}*

die Lohndaten können als Geldbetrag (zum Beispiel in DM/h oder Dpf/min) oder als Prämienfaktor angegeben werden; das minimale Lohndatum L_{min} wird auch Prämienausgangslohn genannt; die Differenz zwischen L_{max} und L_{min} ist die Prämienlohnspanne; bezüglich der Festsetzung der Lohndaten wird auf die weiter vorn gemachten Ausführungen hingewiesen; zur materiellen Seite der Gestaltung von Prämienentlohnungen macht die Methodenlehre des Arbeitsstudiums keine Aussagen.

Lohnlinie, Bedeutung von K_{min}

- *Verlauf der Lohnlinie, die auch Prämienlohnlinie genannt wird.*

Kennzeichnend für den Prämienlohn ist, daß seine Gestaltungsmöglichkeit vielfältiger als beim Akkordlohn ist. Von besonderer Bedeutung ist die Festlegung der Prämienausgangsleistung und des zugehörigen Prämienausgangslohns. Beide sind betrieblich zu vereinbaren, soweit keine tariflichen Regelungen vorliegen. Die Gestaltungsmöglichkeit des Prämienlohns sollte darüber hinaus genutzt werden, zu Lösungen zu kommen, die sowohl mit den Unternehmenszielen als auch mit den Bedürfnissen und Vorstellungen der betroffenen Arbeitnehmer harmonieren.

3.3.2 Prämienlohnarten

Leistungskennzahlen

Bei der Prämienentlohnung kommen alle im Bild 12 genannten quantitativ erfaßbaren Leistungskennzahlen zur Anwendung. Weitere mögliche Merkmale wie Kostensenkung, Unterschreitung oder Einhaltung von Terminen, Personaleinsparung usw. lassen sich in der Regel auf eine dieser Leistungskennzahlen zurückführen oder sind nur schwer quantifizierbar.

Voraussetzungen

Voraussetzungen für die Auswahl einer oder mehrerer Leistungskennzahlen zum Zwecke der Prämienentlohnung sind:

- Sie müssen wirtschaftlich und objektiv erfaßbar sein.
- Sie müssen vom Menschen beeinflußbar sein.
- Ihre Steigerung muß betriebswirtschaftlich und organisatorisch sinnvoll sein.
- Die Leistungssteigerung muß für den Menschen erträglich sein.

Prämienarten

Im Bild 21 sind, ausgehend von den meist verwendeten Leistungskennzahlen, die Bezeichnungen der wichtigsten Prämienarten genannt. Bei der Mengenprämie wird als Kennzahl die erzeugte Menge je Zeiteinheit oder umgekehrt die Zeit je Mengeneinheit zur Erfüllung einer Arbeitsaufgabe verwendet. Dem Güteprämienlohn liegt zum Beispiel die Reduzierung von Ausschuß zugrunde. Der Ersparnisprämienlohn bezieht sich auf den Verbrauch von Fertigungsmaterial, Hilfs- oder Betriebsstoffen und Energie. Der Nutzungsprämienlohn zielt zum Beispiel auf die Verkürzung von Stillstandszeiten bei Maschinen und Anlagen. Auch Kombinationen mehrerer Leistungskennzahlen sind möglich.

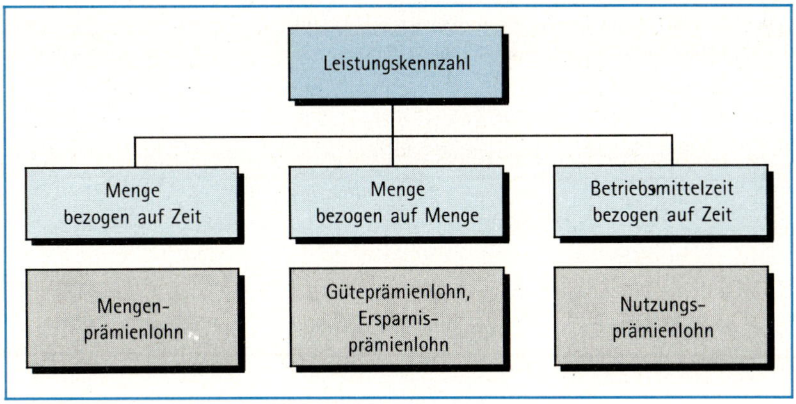

Übersicht über die in der Praxis gebräuchlichen Prämienlohnarten

Bild 21

3.3.3 Ermittlungs- und Abrechnungsperiode

Ermittlungsperiode

Die Prämienausgangsleistung wird in der Regel aus Daten gewonnen, die ganz oder zumindest zu einem großen Teil aus Untersuchungen während einer längeren Periode erfaßt worden sind. Man kann deshalb bei einer Prämienentlohnung nicht erwarten, daß die Ist-Daten täglich oder gar stündlich mit den Soll-Daten übereinstimmen. Es bedarf vielmehr eines längeren Ermittlungszeitraumes, damit sich die unterschiedlichen Ist-Werte ausgleichen können. Über welche Dauer Daten zu erfassen sind, um daraus statistisch gesicherte Zahlenwerte für die Leistungskennzahl ableiten zu können, läßt sich nicht allgemein sagen. Neben der Anzahl der erfaßten Daten kommt es darauf an, daß sie im statistischen Sinne repräsentativ sind (siehe Teil 2, „Datenermittlung", der MLA, Abschnitt 3.4.3.5). Der Zeitraum ist also eher zu lang als zu kurz zu wählen.

Abrechnungsperiode

Bei der Wahl der geeigneten Abrechnungsperiode sind zwei gegensätzliche Gesichtspunkte abzuwägen. Je länger die Periode ist, desto eher werden Zufallsdaten ausgeschlossen, desto weniger wird aber auch dem arbeitenden Menschen der Zusammenhang zwischen seiner Leistung und seinem Lohn erkennbar. Zudem wird es mit länger werdendem Bezugszeitraum schwieriger, außergewöhnliche Einflüsse zu berücksichtigen. Ist der genannte Ausgleich der Prämienentlohnungen ungenügend, so wird die Höhe des Prämienlohns für den Arbeitnehmer zu einem ihm wenig verständlichen Zufall. In einer Woche bekäme er einen höheren Lohn, in der nächsten Woche erhielte er einen geringeren Lohn. Soweit das nicht durch unterschiedliche Leistungen bedingt ist, sollte dies vermieden werden. Es empfiehlt sich daher, den Abrechnungszeitraum so groß zu wählen, daß ein Ausgleich der nicht vom Mitarbeiter abhängigen Einflüsse auf die Leistung des Arbeitssystems sichergestellt ist. Um den Nachteilen langer Perioden entgegenzuwirken, ist am besten täglich – mindestens aber wöchentlich – dem Mitarbeiter der jeweilige Stand seiner Leistungsergebnisse mitzuteilen, damit er diese mit seinen eigenen Beobachtungen und Aufzeichnungen vergleichen kann. Dadurch wird er auch in die Lage versetzt, rechtzeitig auf sich anbahnende Schwachstellen aufmerksam machen zu können oder aber auch sein eigenes Leistungsverhalten entsprechend zu verbessern.

3.3.4 Mengenprämienlohn

Mengenprämienlöhne sind Prämienlöhne mit der Leistungskennzahl Mengenleistung.

Mengenprämienlohn

Mengenprämienlöhne werden im allgemeinen bei Abläufen mit folgenden Eigenschaften beziehungsweise Ablaufarten angewendet:

Anwendungsgesichtspunkte

- Die Abläufe enthalten einen größeren Anteil unbeeinflußbarer Ablaufabschnitte.
- Die Abläufe enthalten einen größeren Anteil bedingt beeinflußbarer, technologisch bestimmter Ablaufabschnitte.
- Das Leistungsergebnis soll in einem eng begrenzten Bereich liegen.
- Die Abläufe schwanken zum Beispiel infolge veränderlicher Aufgaben beziehungsweise Aufträge; diese Schwankungen sollen sich nicht oder nur bedingt auf den Lohn auswirken.

Mit dem letzten Gesichtspunkt ist die Überlegung verbunden, daß sich die streuenden Einzeldaten in einem für den Abrechnungszeitraum gleichmäßigen Leistungsergebnis niederschlagen sollen.

Beispiel für Mengenprämienlöhne

1. Beispiel (Bild 22)

In einer Versandabteilung müssen Pakete mit einer unterschiedlichen Zahl von Positionen verpackt werden.

Leistungskennzahl: Mengenleistung als Anzahl verpackter Positionen je h.

K_{min} = 35 Positionen/h
K_{max} = 60 Positionen/h.

Verlauf der Lohnlinie: linear, nach oben und unten begrenzt.

Als Abrechnungsperiode ist im Beispiel ein Monat gewählt, so daß sich Tagesunterschiede ausgleichen.

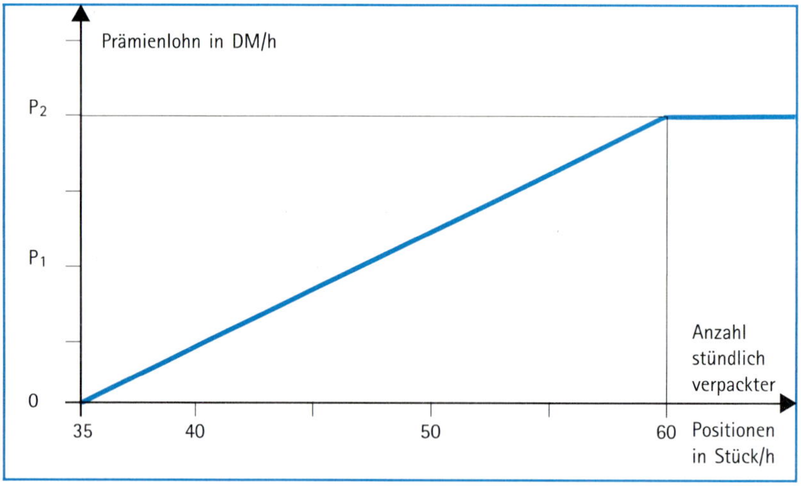

Bild 22 Prämienlohnlinie für Beispiel 1

Beispiel für Mengenprämienlohn mit Äquivalenzzahlen

2. Beispiel (Bild 23)

Es sind Flaschen unterschiedlicher Größe mit Fruchtsaft abzufüllen. Die unterschiedlichen Flaschengrößen sind mit Hilfe von Äquivalenzzahlen in vergleichbare Recheneinheiten umgerechnet worden.

Leistungskennzahl: Mengenleistung als Recheneinheiten/Monat.

K_{min} = 230 000 RE/Monat
K_{max} = 260 000 RE/Monat.

Verlauf der Lohnlinie: gestuft, nach oben und unten begrenzt.

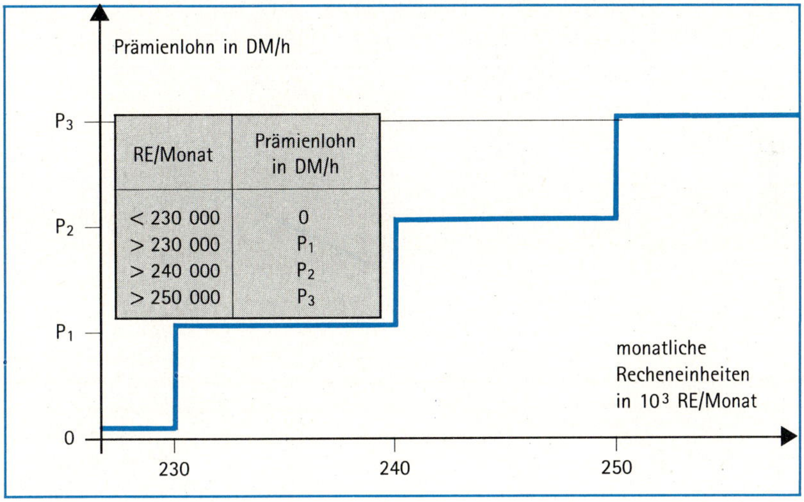

Prämientabelle und Prämienlohnlinie für Beispiel 2

Bild 23

Beispiel für Zeiteinsparungsprämienlohn

3. Beispiel (Bild 24)

In einer Abteilung werden Geräte montiert.

Leistungskennzahl: Zeiteinsparungsgrad.

$$K \text{ in } \% = \frac{\text{vorgegebene Auftragszeit} - \text{gebrauchte Zeit}}{\text{vorgegebene Auftragszeit}} \cdot 100$$

K_{min} = 0 % Zeiteinsparung
K_{max} = 20 % Zeiteinsparung.

Verlauf der Lohnlinie: proportional.

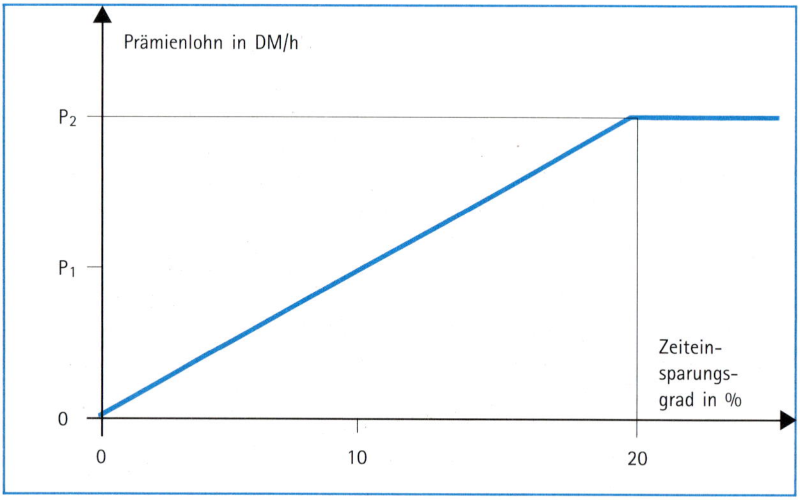

Bild 24 Prämienlohnlinie für Beispiel 3

In diesem Fall kann auf die – sonst übliche obere Begrenzung der Prämienlohnlinie verzichtet werden, da ein zunehmender Zeiteinsparungsgrad zu erzielen ist, und mit zunehmendem Leistungsgrad aber eine immer geringere Zunahme des Zeiteinsparungsgrades verbunden ist (degressiver Verlauf).

3.3.5 Nutzungsprämienlohn

Prämienlöhne mit Leistungskennzahlen aus Daten von Betriebsmittelzeiten werden meist als Nutzungsprämienlohn bezeichnet, weil die Leistungskennzahl vorwiegend ein Nutzungsgrad ist.

Nutzungsprämienlohn

Eine Leistungskennzahl kann zum Beispiel die im Teil „Arbeitsgestaltung in der Produktion" der MLBO, Abschnitt 4.2.6, definierte Formel sein:

$$\mathbf{K\ in\ \%} = \frac{\sum t_{BH}}{\text{Ist-Einsatzzeit}} \cdot 100 = \frac{t_h}{\text{Ist-Einsatzzeit}} \cdot 100$$

Ziel von Nutzungsprämien ist es, die Unterbrechungs-, Brach- und andere Zeiten sowie die Nebennutzungszeiten möglichst gering beziehungsweise die Hauptnutzungszeiten innerhalb der Einsatzzeiten möglichst hoch zu halten. Die Erfassung der Zeiten für das Betriebsmittel geschieht meist mit Hilfe der im Teil 2, Abschnitt 6.2.3, der MLA dargestellten registrierenden Meßgeräte, wie Zeit- und Nutzungsschreibern, sowie Betriebsdatenerfassungssystemen. Nutzungsprämienlöhne treten häufig an die Stelle des Akkordlohnes, wenn Abläufe mit einem hohen Anteil unbeeinflußbarer Ablaufabschnitte auftreten. Bei teuren Maschinen sind Nutzungsprämienlöhne von besonderer Bedeutung.

Nutzung von Betriebsmitteln

Ein progressiver Verlauf der Lohnlinie kann dazu beitragen, die Betriebsmittel möglichst intensiv zu nutzen. Durch Begrenzungen nach oben kann eine Überlastung vermieden werden.

Verlauf der Lohnlinie

4. Beispiel (Bild 25)

Beispiel für Nutzungsprämie

An einem Bohrwerk ist ein Nutzungsschreiber mit Meldetasten angebracht. Die Auswertung der Diagrammscheiben führt zu den Daten, die im Teil 2, Abschnitt 6.2.3.2, der MLA zusammengestellt sind. Damit läßt sich folgender Prämienlohn aufbauen:

Als Leistungskennzahl wird der Hauptnutzungsgrad gewählt:

$$\text{Hauptnutzungsgrad in \%} = \frac{\sum \text{Hauptnutzungszeiten in min/Monat}}{\text{Ist-Einsatzzeit in min/Monat}} \cdot 100$$

Dabei ist die Ist-Einsatzzeit gleich der Schichtzeit abzüglich der Zeiten für die Ablaufarten fehlende Aufträge (60), fehlende Arbeitsmittel (70) und fehlende Informationen (80), wie im Teil 2, „Datenermittlung", Abschnitt 6.2.3.2, der MLA ausgewiesen.

Die Hauptnutzungsgrade, die sich bei täglicher Auswertung der Diagrammscheiben ergeben, haben einen ziemlich großen Streubereich. Die Monatsdurchschnitte der täglichen Hauptnutzungsgrade sind dagegen wesentlich ausgeglichener. Diese Werte schwanken zum Beispiel zwischen 60 und 80 %, wie längerdauernde Aufschreibungen ergaben:

K_{min} = 60 % Nutzungsgrad
K_{max} = 80 % Nutzungsgrad.

Verlauf der Lohnlinie: progressiv, bei einem Hauptnutzungsgrad von 80 % nach oben begrenzt.

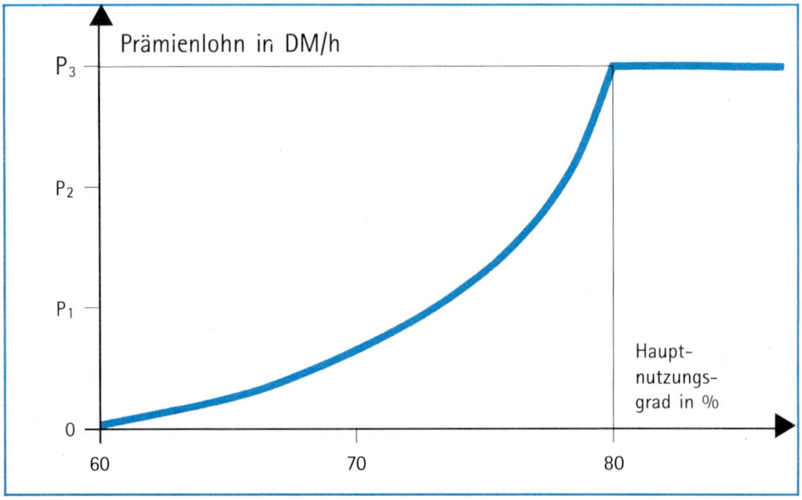

Bild 25 Prämienlohnlinie für Beispiel 4

3.3.6 Güte- und Ersparnisprämienlohn

Prämienlohnarten, bei denen unterschiedliche Mengenverhältnisse als Leistungskennzahlen verwendet werden, werden in der Regel als Güte- oder Qualitätsprämienlöhne und als Ersparnisprämienlöhne bezeichnet (siehe Bild 26).

Güte- und Ersparnisprämienlohn

1) Güteprämienlohn

Güteprämie

Als Leistungskennzahl wird hier häufig verwendet:

$$K \text{ in } \% = \frac{\text{Menge mit Mängeln}}{\text{Gesamtmenge bzw. Menge der Stichprobe}} \cdot 100$$

Die auf diese Weise errechneten Leistungskennzahlen werden entsprechend den betrachteten Mengen auch als Ausschußgrad, Gütegrad oder ähnlich bezeichnet. Obwohl in der Maßeinheit dieser Kennzahl die Zeit nicht erscheint, ist sie dennoch indirekt in ihr enthalten, weil nämlich die geprüfte Menge in einer bestimmten Zeit erbracht werden muß.

andere Bezeichnungen

Während Mengenprämienlöhne wie auch der Akkordlohn vorwiegend darauf abzielen, den Menschen zu einer Steigerung der Menge und damit zu einer Unterschreitung der Sollzeiten zu veranlassen, ist es das vorrangige Ziel von Güteprämienlöhnen, zum Beispiel Nacharbeit, Ware zweiter Wahl oder Ausschuß zu vermeiden oder zu verringern. Güteprämienlöhne können auch mit anderen Formen des Lohnes verbunden werden. Sie werden dann als Zusatzprämienlöhne bezeichnet. Meist werden sie mit Mengenprämienlöhnen kombiniert.

Ziel

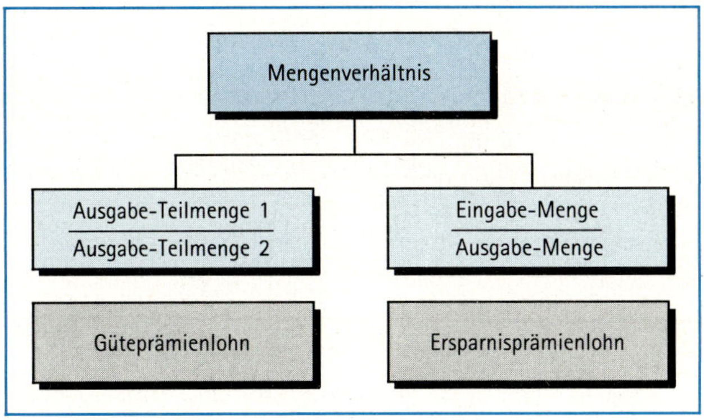

Kennzahlen für Güte- und Ersparnisprämienlöhne

Bild 26

Beispiel für einen Güteprämienlohn

5. Beispiel (Bild 27)

Strümpfe werden nach dem Stricken über ein Prüfbrett gezogen, dabei gewendet und zugleich geprüft. Die Nachkontrolle entnimmt den geprüften Strümpfen je Woche drei Stichproben mit je 50 Strümpfen.

Leistungskennzahl: Anzahl fehlerhafter Strümpfe/Stichprobe.

K_{min} = 10 Strümpfe/Stichprobe;
K_{max} = 0 Strümpfe/Stichprobe.

Die Gesamtstichprobe besteht aus 3 · 50 = 150 Strümpfen. Verlauf der Lohnlinie: progressiv; dadurch sollen die Mitarbeiter der Kontrolle in verstärktem Maße veranlaßt werden, fehlerhafte Strümpfe nicht zu übersehen.

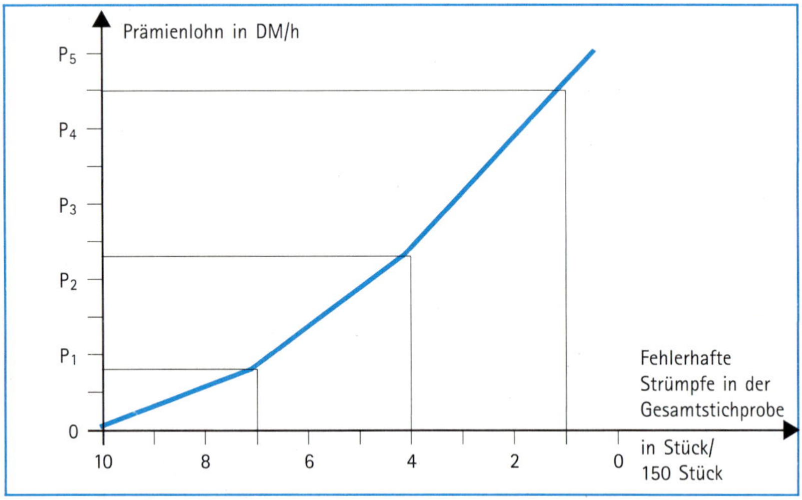

Bild 27 Prämienlohnlinie für Beispiel 5

Ersparnisprämienlohn

2) Ersparnisprämienlohn

Prämienlohnarten, die auf der Ersparnis der Eingabe von Arbeitssystemen aufbauen, werden Ersparnisprämienlöhne genannt. Hierbei wird die in einer Periode erzeugte Menge (Ausgabe) zu dem in der gleichen Periode angefallenen Verbrauch (Eingabe) an Energie, Material, Hilfsstoffen oder ähnlichem ins Verhältnis gesetzt. Ein Beispiel für eine derartige Leistungskennzahl wäre:

$$K = \frac{\text{produzierte Menge je Periode}}{\text{Energieverbrauch in kWh je Periode}}$$

Solche Ersparnisprämienlöhne dürfen nicht zu einer Minderung der Qualität führen. Daher werden bei Ersparnisprämienlöhnen oft degressive Lohnlinien gewählt. Diese beugen einer übertriebenen und gegebenenfalls qualitätsgefährdenden Ersparnis an Stoffen aller Art vor. Ersparnisprämienlöhne werden oft mit Güteprämienlöhnen kombiniert.

Kombination von Ersparnis- und Güteprämienlöhnen

6. Beispiel (Bild 28)

In einem lederverarbeitenden Betrieb werden aus Fellen bestimmte Formen ausgestanzt. Der Abfall ist stark abhängig von der Arbeitsweise des Mitarbeiters. Abfälle können nicht wiederverwendet werden.

Leistungskennzahl: Abfall in Prozent von der Materialeingabe.
Ausgangsbasis der Entgeltlinie: 20 % Abfall.

Bei sorgfältiger Arbeitsweise und Einhaltung der Arbeitsmethode kann ein Abfall von 5 % erreicht werden.

Verlauf der Lohnlinie: progressiv, nach oben begrenzt.

Pro Punkt wird ein bestimmter Prämienbetrag in DM/h gezahlt.

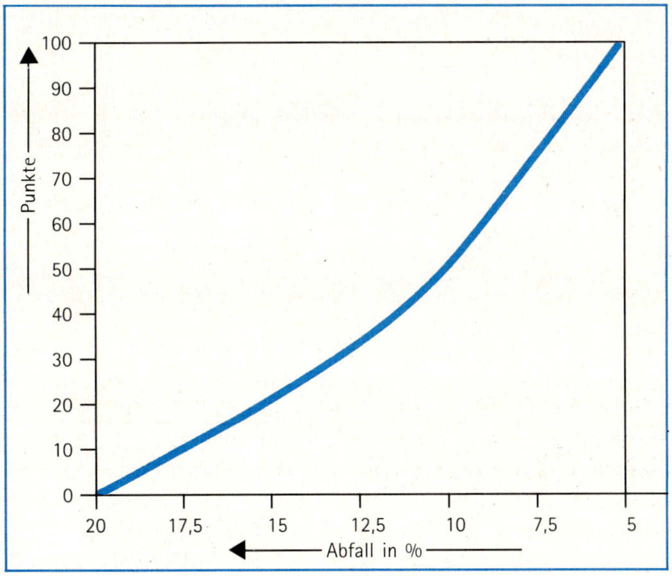

Prämienlohnlinie für Beispiel 6 Bild 28

3.3.7 Kombinierter Prämienlohn

allgemeine Erläuterung

Häufig werden Prämienlöhne von mehreren Leistungskennzahlen abhängig gemacht. Dabei müssen mindestens zwei und sollten aus Gründen der Überschaubarkeit nicht mehr als drei Kennzahlen miteinander kombiniert werden. Die Möglichkeit, mehrere Leistungskennzahlen zu berücksichtigen, macht kombinierte Prämienlöhne besonders anpassungsfähig und regt die Mitarbeiter an, sich für eine gute Gesamtleistung des Arbeitssystems einzusetzen. Ziel kombinierter Prämienlöhne ist es, vor allem der Bevorzugung bestimmter Leistungskomponenten vorzubeugen, zum Beispiel eine hohe Mengenleistung bei sinkender Qualität oder eine hohe Mengenleistung bei einer Überlastung der Betriebsmittel oder bei Unterlassung des vorgeschriebenen Werkzeugwechsels. So werden vor allem Mengen- und Güteprämienlöhne sowie Mengen-, Güte- und Ersparnisprämienlöhne kombiniert. Dabei ist darauf zu achten, daß sich die Kennzahlen in ihrer Wirkung nicht gegenseitig aufheben.

andere Bezeichnungen

Kombinierte Prämienlöhne werden auch als Verbund- oder Mehrfaktorenprämienlöhne bezeichnet.

Prämienfunktion

Kombinierte Prämienlöhne können in Form folgender allgemeingültiger Funktion angegeben werden:

$$\textbf{Prämie} = f\ (K_1,\ K_2\ \text{usw.}).$$

7. Beispiel (Bild 29)

Beispiel für kombinierte Prämienlöhne

In einem Betrieb der chemischen Industrie werden aus thermoplastischen Kunststoffen in Granulatform, Farbstoffpulvern, Stabilisatoren, Innenschmiermitteln und Füllstoffen hochwertige Werkstoffe ebenfalls in Granulatform für die Weiterverarbeitung zu technischen Artikeln hergestellt.

Das Mischen der Grundstoffe und der Zuschläge erfolgt im schmelzflüssig-teigigen Zustand in einem beheizten Zweiwellen-Kneter. Aus ihm wird die Schmelze über eine Düsenplatte in Form von spaghettiförmigen Fäden extrudiert. Diese heißen Kunststoffäden werden in einem Wasserbad abgekühlt und in einer Abschlagmaschine in 3 bis 5 mm lange zylindrische Teilchen zerkleinert.

Ein Mitarbeiter fährt und überwacht regelmäßig zwei Kneter.

Ein Mengenprämienlohn, der wie der im dritten Beispiel beschriebene Prämienlohn auf der Kennzahl Zeiteinsparungsgrad basiert, wird mit einem Ersparnisprämienlohn (Ausbeuteprämienlohn) kombiniert. Der Mitarbeiter kann die Menge des Abfalls (und damit die Ausbeute), der zwangsläufig bei der Umstellung auf anders zusammengesetzte beziehungsweise anders eingefärbte Produkte und auch beim Abriß von Kunststoffäden im Wasserbad entsteht, durch geschicktes Aufziehen der Fäden und durch rasches Eingreifen beim Fadenriß in bestimmten Grenzen klein halten.

Kombinierte Prämienlöhne können mittels Prämienformeln errechnet werden. Zur Erleichterung der Rechenarbeit werden hier auch gelegentlich Nomogramme, Tabellen oder andere Hilfsmittel (siehe Bild 29) verwendet.

Aufgabe: Technische Kunststoffe herstellen

Mengenprämienlohn P_M in %	Ersparnisprämienlohn P_E in %
Leistungskennzahl K_M: Zeiteinsparungsgrad in % = $\frac{\text{Vorgabezeit} - \text{gebrauchte Zeit}}{\text{Vorgabezeit}} \cdot 100$ Verknüpfung der Prämienleistung mit der Prämienlohnhöhe: $K_{M\,min} = 0\,\%$; $P_{M\,min} = 0\,\%$ $K_{M\,max} = 30\,\%$; $P_{M\,max} = 15\,\%$ Lohnlinie: Über dem Zeiteinsparungsgrad linear, nach oben begrenzt.	Leistungskennzahl K_E: Ersparnisgrad (Ausbeute) in % = $\frac{\text{produzierte Menge je Periode}}{\text{eingesetzte Vorproduktmenge je Periode}} \cdot 100$ Verknüpfung der Prämienleistung mit der Prämienlohnhöhe: $K_{E\,min} = 94\,\%$; $P_{E\,min} = 0\,\%$ $K_{E\,max} = 98{,}5\,\%$; $P_{E\,max} = 5\,\%$ Lohnlinie: Über dem Ersparnisgrad linear, nach unten und oben begrenzt.

Gesamtprämienlohn durch additive Koppelung der Mengen- und der Ersparnisprämienlöhne:

$$P = P_M + P_E = 0{,}5 \cdot K_M + \frac{K_E - 94}{0{,}9}$$

Maximaler Prämienlohn 20 % des Prämienausgangslohns bei $K_M = 30\,\%$ und $K_E = 98{,}5\,\%$.

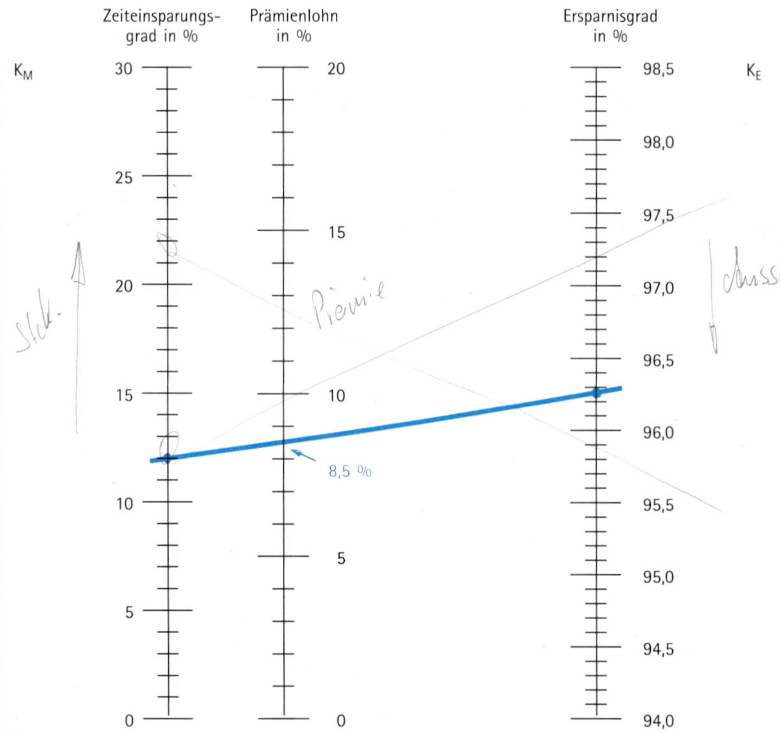

Ablesebeispiel:
Erzielter Zeiteinsparungsgrad (K_M) = 12,00 %
Erzielter Ersparnisgrad (K_E) = 96.25 %
Ermittelter Prämienverdienst = 8,50 % des Grundlohnes

Bild 29 Grundlagen und Errechnung eines kombinierten Prämienlohnes

3.4 Andere Formen

Leistungs- und Lohnschwankungen beim Akkord- und Prämienlohn

Bei den Entlohnungsgrundsätzen Akkordlohn und Prämienlohn sind

- die tatsächlich erbrachte Leistung und
- die tatsächliche Höhe des leistungsabhängigen Lohnanteils

erst nach Abschluß eines Arbeitsauftrags oder am Ende einer Abrechnungsperiode feststellbar. Die Leistungen unterliegen Schwankungen. Diese Leistungsschwankungen bestimmen den leistungsabhängigen Teil des Entgeltes.

fester leistungsabhängiger Lohnbestandteil

Es gibt jedoch auch leistungsbezogene Entgeltformen, bei denen die Höhe des Entgeltes einschließlich des leistungsabhängigen Teils für eine künftige Periode fest ist. Von dem einzelnen Mitarbeiter wird zwar ein bestimmtes durch Leistungskennzahlen festgelegtes Leistungsergebnis erwartet. Das Über- oder Unterschreiten dieser Leistung berührt aber nun das Entgelt beziehungsweise dessen leistungsabhängigen Teil nicht rückwirkend, sondern gegebenenfalls erst in der künftigen Periode. Der leistungsabhängige Entgeltbestandteil wird in der Erwartung gezahlt, daß das vorbestimmte Leistungsergebnis (auch Leistungsziel oder Leistungspensum genannt) erreicht beziehungsweise eingehalten wird.

Vergleich mit Akkord- und Prämienlohn

Die Darstellung im Bild 30 macht den grundsätzlichen Unterschied zwischen dem Akkord- und Prämienlohn einerseits und diesen anderen Formen leistungsabhängiger Entgeltdifferenzierung andererseits deutlich. Gemeinsam ist diesen anderen Formen, daß durch Messen und Zählen erfaßbare Leistungskennzahlen verwendet werden, bei denen die erreichten Ist-Daten mit den vorgegebenen Soll-Daten verglichen werden.

Sonderformen		Akkord- und Prämienlohn
Festlegen ● der erwarteten Leistung und ● des leistungsabhängigen Entgeltanteils		Ermitteln von ● erbrachter Leistung und ● leistungsabhängigem Entgeltanteil
für die künftige Periode	Periode	für die vergangene Periode
	Anfang Ende	Zeit

Vergleich der Sonderformen mit Akkord- und Prämienlohn

Bild 30

Kennzeichen der anderen Lohnformen

Diese anderen Formen sind demnach ebenfalls Entgeltgrundsätze mit leistungsabhängiger Entgeltdifferenzierung. Sie liegen vor, wenn bei der Festlegung der Höhe des leistungsbezogenen Entgeltbestandteils das in einer bestimmten Periode erwartete Leistungsergebnis mit Hilfe einer bestimmten Leistungskennzahl quantifiziert und seine Einhaltung überwacht wird.

Leistungskennzahl

Als Leistungskennzahl kann ähnlich wie beim Akkordlohn die Mengenleistung verwendet werden. Diese Kennzahl hat den Vorteil, daß sie verhältnismäßig leicht ermittelt werden kann. Es sind aber auch alle anderen quantitativ erfaßbaren Leistungskennzahlen möglich.

andere Bezeichnungen

Diese anderen Formen leistungsabhängiger Entgeltdifferenzierung haben noch keine einheitliche Bezeichnung gefunden. Sie treten überwiegend in drei Formen auf:

1) als Festlohn für eine einmal festgelegte Leistung
2) als Zeitlohn mit Leistungszulage für eine bestimmte Leistung, die für eine bestimmte Periode festgelegt wurde
3) als Leistungslohn mit mehreren Leistungsstufen.

In diese drei Kategorien sind alle die Entgeltformen einzuordnen, die zum Beispiel als normiertes Entgelt (im Ausland measured day work oder a fair days work), überwachter Zeitlohn, Pensumlohn, Programmlohn oder Kontraktlohn bekannt sind.

Vorgehen

Im einzelnen kann bei der Anwendung dieser anderen Formen leistungsabhängiger Entgeltdifferenzierung wie folgt vorgegangen werden:

Schritt 1

Die Festlegung der erwarteten Soll-Mengenleistung (Leistungsziel, Leistungsstufe, Pensum, Kontrakt) kann zum Beispiel erfolgen:

- für eine einzelne Arbeitsperson, für eine Gruppe von Personen oder für alle Personen einer Abteilung
- für eine Schicht, eine Woche, einen Monat oder ein Quartal
- mit Hilfe von Vorgabezeiten
- mit Hilfe von Soll-Zeiten, zum Beispiel ohne Berücksichtigung von Verteilzeiten.

Die Leistungsüberwachung besteht in einer periodischen Gegenüberstellung der vorgegebenen Soll-Mengenleistung zur tatsächlich erbrachten Ist-Mengenleistung. Die Überwachung der sich dabei ergebenden Leistungskennzahlen orientiert sich im allgemeinen an zwei Größen:

Schritt 2

- der durchschnittlichen Höhe der Leistungskennzahl (zum Beispiel 110 % oder 80 %), die erfahrungsgemäß erreicht wird, und
- ihrer Streubreite (zum Beispiel ± 10 %), innerhalb derer die periodisch ermittelte Leistungskennzahl erfahrungsgemäß streut (siehe auch Bild 186 im Teil 2, Abschnitt 10.2, der MLA).

Die durchschnittliche Höhe der Leistungskennzahl hängt davon ab, welche Bezugsleistung bei der Bestimmung der Soll-Mengenleistung gewählt und welche Verteil- und sonstigen Zeiten dabei berücksichtigt wurden. Ihre Streubreite wird im allgemeinen in der Serien- und Massenfertigung sowie bei Einzelarbeit geringer als in der Einzel- und Kleinserienfertigung und bei Gruppenarbeit sein. Für Dienstleistungs- und Verwaltungsarbeiten gilt das Entsprechende.

Bezugsleistung

Bei der Leistungsüberwachung kommt es also weniger auf die Feststellung der Höhe der erreichten Leistungskennzahlen und ihre Streuung an als auf die Feststellung der Abweichung von der vorgegebenen Leistungsstufe.

Hat sich die Leistungskennzahl im Laufe einer Periode mehr als üblich verändert, so müssen

Schritt 3

- die Ursachen für die Abweichungen festgestellt und
- für die folgende Periode Konsequenzen gezogen werden.

Die festgestellten Ursachen für die Abweichungen sind für die folgende Periode durch entsprechende Maßnahmen zu beseitigen.

Verringerung der Abweichungen

Insbesondere sind Störungen im Arbeitsablauf technisch-organisatorischer Art zu beseitigen. Im Hinblick auf die lohnmäßigen Auswirkungen gibt es unter anderem folgende Möglichkeiten:

- Die Arbeitspersonen werden aufgefordert, die Soll-Mengenleistung zukünftig einzuhalten.
- Bei höheren oder niedrigeren Ist-Leistungen können die Soll-Mengenleistung und gleichzeitig der leistungsabhängige Entgeltanteil in Form der Leistungszulage für die kommende Periode nach oben und nach unten verändert werden.

Erhöhung der Leistung

Bei Erhöhung ist zu überprüfen, ob die höhere Leistung für die Arbeitsperson zumutbar ist und ihre Leistungsfähigkeit nicht übersteigt, ob die Qualität nicht leidet und inwieweit das Fertigungsprogramm eine Vergrößerung der Mengenleistung erlaubt.

Minderung der Leistung

Auch eine Minderung der Soll-Mengenleistung und des leistungsabhängigen Entgeltteils in eine geringere Leistungsstufe ist möglich. Diese Rückstufung ist besonders dann vorzunehmen, wenn die Ist-Leistung längere Zeit unter der Soll-Leistung bleibt und keine Aussicht besteht, daß die Soll-Leistung in absehbarer Zeit wieder erreicht wird.

Anpassung der Leistung

Diese Anpassung des leistungsabhängigen Entgelts für eine kommende Periode an die Soll-Mengenleistung, die während vergangener Perioden erreicht wurde, kann entweder auf beiderseitigen Wunsch der Beteiligten geschehen (dieses Vorgehen wird manchmal auch mit Kontraktlohn bezeichnet) oder automatisch erfolgen. Im letzten Fall können Leistungsstufen zum Beispiel im Abstand von 5 zu 5 % gebildet werden. Der leistungsabhängige Entgeltanteil für die kommende Periode richtet sich nach der Stufe, die sich aus der in der vergangenen Periode erreichten Ist-Mengenleistung ergab.

3.5 Zeitlohn, Gehalt, Zeitlohn mit Leistungszulage

Der Zeitlohn ist ein Entlohnungsgrundsatz mit einer festen Vergütung für eine bestimmte Zeiteinheit. Ist diese Zeiteinheit eine Stunde, so wird von Stundenlohn und entsprechend von Zeitlohn oder Gehalt gesprochen.

Zeitlohn, Gehalt

Der Zeitlohn ist immer anforderungsabhängig differenziert. Inwieweit und in welcher Form er darüber hinaus leistungsabhängig differenziert wird, ist unterschiedlich. Es können zwei Formen des Zeitlohns unterschieden werden:

Formen des Zeitlohns

1) Zeitlohn und
2) Zeitlohn mit Leistungszulage.

Beim Zeitlohn besteht eine allgemeine Verpflichtung des Arbeitnehmers zur Leistung, die durch den Arbeitsvertrag zwischen Arbeitnehmer und Arbeitgeber begründet wird (siehe Kapitel 8, Arbeitsrecht, im Teil „Grundlagen der Arbeitsgestaltung" der MLBO). Trotzdem besteht keine direkte Abhängigkeit der Lohnhöhe von der Leistung. Im Bild 31 sind die Lohnlinie L und die Fertigungslohnkostenlinie FLK für den Zeitlohn wiedergegeben. Die Lohnhöhe L ist unabhängig von der erbrachten Leistung M. Der Arbeitnehmer kann ohne einen besonderen Zeit- oder Sachzwang mit einem konstanten Lohn rechnen. Die Entlohnung motiviert ihn nicht zu einer höheren Leistung. Die Fertigungslohnkosten FLK fallen mit steigender Leistung des Arbeitnehmers. Der Betrieb hat für die Kostenrechnung schwankende Daten zur Verfügung.

Zeitlohn

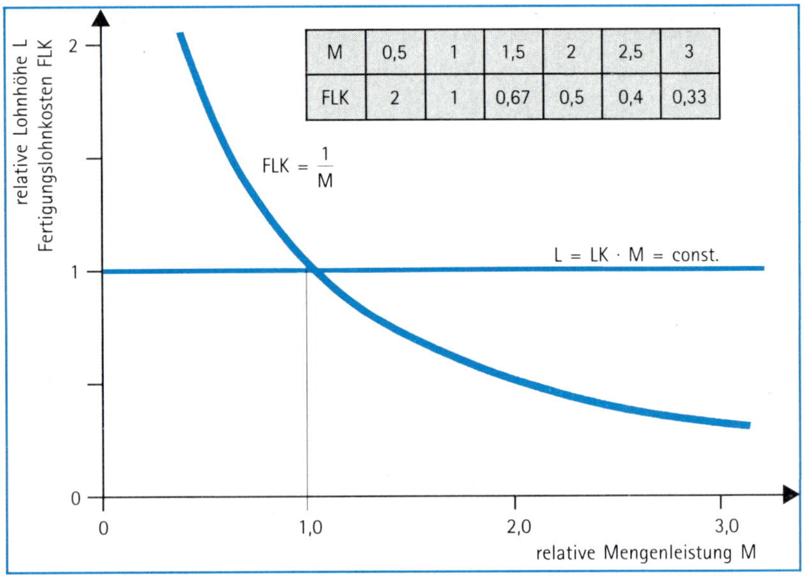

Bild 31 Lohnlinie und Lohnkostenlinie beim reinen Zeitlohn

Zeitlohn mit Leistungszulage

Beim Zeitlohn mit Leistungszulage wird der Lohn anforderungs- und leistungsabhängig differenziert. Mit Hilfe verschiedener Leistungsmerkmale (auch Beurteilungsmerkmale genannt) wird die Leistung des Menschen beurteilt und bewertet.

Ziel

Ziel einer solchen Leistungsbewertung ist die Quantifizierung der Leistung des Menschen in Form eines Leistungswertes (auch Leistungspunkt genannt). Von der Höhe dieses Leistungswertes ist dann die Höhe der Leistungszulage abhängig. Sie wird in der Erwartung gezahlt, daß der Mitarbeiter auch künftig die bewertete Leistung erbringt.

andere Bezeichnung

Es wird auch von der „Ermittlung von Leistungszulagen zum Zeitlohn auf der Grundlage methodischer Leistungsbeurteilung" gesprochen. In dieser Methodenlehre wird die Bezeichnung „Bewertung" der Bezeichnung „Beurteilung" vorgezogen, weil wesentlich nicht nur das Beurteilen der Leistung, sondern auch ihr Quantifizieren in Form einer Zahl ist.

Das Beurteilen ist im Abschnitt 1.1.4 auf den Seiten 15 bis 17 im Teil 2 der Methodenlehre des Arbeitsstudiums als das Beschreiben der Ausprägung eines qualitativen Merkmals mit Hilfe von Klassen (zum Beispiel hohe Qualität) definiert worden. Das Bewerten besteht gemäß Abschnitt 4.2 im Teil „Anforderungsermittlung (Arbeitsbewertung)" der MLBO in dem Umsetzen der Ausprägung in einen Zahlenwert, der einer zuvor definierten Skala angehört (zum Beispiel Qualität 15 Punkte).

Beurteilen, Bewerten

Während bei den bisher beschriebenen leistungsabhängigen Entlohnungsgrundsätzen die Leistung des Menschen durch Messen und Zählen von Mengen und Zeiten erfaßt wird, wird bei der Leistungsbewertung die Leistung durch Vergleichen, Beurteilen und Bewerten erfaßt. Leistung wird hierbei weniger im Sinne von Arbeit durch Zeit beziehungsweise Arbeitsergebnis je Zeiteinheit eines Arbeitssystems verstanden. Leistung ist vielmehr der Grad der Aufgabenerfüllung. Der Leistungsbewertung liegt ein ähnliches Vorgehen wie bei der Arbeitsbewertung zugrunde. Werden dort Anforderungswerte ermittelt, so sind es hier Leistungswerte.

Leistung als Grad der Leistungserfüllung

Die Leistungsbewertung ermöglicht eine leistungsbezogene Entlohnung auch in den Bereichen der Wirtschaft und Verwaltung, in denen die Leistung nicht oder nur mit großem Aufwand und Streubereich meß- und zählbar, hingegen jedoch beurteilbar ist. Hierdurch erklärt sich ihre zunehmende Verbreitung auch in Bereichen außerhalb der direkten Fertigung sowie bei Angestellten.

Anwendung

Im Rahmen der Leistungsbewertung wird wie bei der Arbeitsbewertung zwischen summarischem und analytischem Vorgehen unterschieden. Das summarische Vorgehen kann durch den Satz erläutert werden, der sich in ähnlicher Form in verschiedenen Tarifverträgen findet: Arbeitnehmer im Zeitlohn oder Angestellte können je nach Leistung eine entsprechende Leistungszulage erhalten. Eine nähere Beschreibung der Leistungsmerkmale und der Leistungszulagegruppen gibt es dabei im allgemeinen nicht. Als summarisch werden allerdings oft auch solche Methoden bezeichnet, bei denen zwar verschiedene Leistungsmerkmale unterschieden werden, die Beurteilung der Leistung mit Hilfe dieser Leistungsmerkmale aber global erfolgt.

summarische und analytische Leistungsbewertung

Leistungsmerkmale

Besondere Kennzeichen für die verschiedenen Methoden zur analytischen Arbeitsbewertung sind die gewählten Anforderungsarten. Entsprechendes gilt bei der analytischen Leistungsbewertung für die Leistungsmerkmale. Diese werden auch Beurteilungsmerkmale genannt. Die Zahl der Leistungsmerkmale schwankt in weiten Grenzen. Aber auch hier geht wie bei der Anforderungsermittlung die Tendenz zu einer geringen Zahl (meist 3 bis 6) von Leistungsmerkmalen. Im Bild 32 sind die Leistungsmerkmale einiger bekannter Methoden der analytischen Leistungsbewertung zusammengestellt.

Hoechst AG	Tarifverträge der Metallindustrie	HEW	VW Gehaltsempfänger
1. Arbeitsgüte 2. Arbeitsmenge und Belastbarkeit 3. Beweglichkeit Initiative 4. Zusammenarbeit	1. Arbeitsmenge bzw. Arbeitsquantität 2. Arbeitsausführung bzw. Arbeitsgüte, Arbeitsqualität 3. Arbeitssorgfalt 4. Arbeitseinsatz 5. Arbeitssicherheit*) *) teilweise auch in die Arbeitssorgfalt einbezogen	1. Arbeitsgüte 2. Arbeitsmenge Arbeitstempo 3. Einsatzbereitschaft	1. Wirksamkeit und Zeitausnutzung 2. Zuverlässigkeit und Güte des Arbeitsergebnisses 3. Initiative (Selbständigkeit und Beweglichkeit) 4. Zusammenarbeit Kooperation einschließlich Führungsverhalten

Bild 32 Leistungsmerkmale bei verschiedenen Methoden der analytischen Leistungsbewertung

Nahezu alle Methoden der Leistungsbewertung enthalten Leistungsmerkmale, die sich direkt auf die Leistung beziehen, wie zum Beispiel Mengenleistung und Arbeitsgüte. Das individuelle Verhalten sollte darüber hinaus auch nur dann einbezogen werden, wenn dieses das Leistungsergebnis beeinflußt. Das fachliche Arbeitsverhalten wird mit Hilfe der Leistungsmerkmale Arbeitssorgfalt beziehungsweise Gründlichkeit erfaßt, teils auch – vorwiegend bei Angestellten – mit dem Leistungsmerkmal Beweglichkeit des Denkens. Die Leistungsmerkmale Arbeitseinsatz und Initiative sprechen dann den willentlichen Leistungseinsatz an. Das Verhalten gegenüber Mitarbeitern und die Zusammenarbeit werden als Leistungsmerkmale der personellen Wirksamkeit berücksichtigt. Verschiedentlich wird auch die Arbeitssicherheit mit einbezogen. Ganz außer Betracht müssen Merkmale bleiben, die sich nicht auf das Leistungsverhalten, sondern auf das persönliche Verhalten aus Veranlagung und Charakter beziehen. Beispiele hierfür sind Ehrlichkeit, Hilfsbereitschaft, Verhalten gegenüber dem Vorgesetzten.

sachliche und persönliche Leistungsmerkmale

Im Rahmen der analytischen Leistungsbewertung wird allgemein das Stufenverfahren bevorzugt (vgl. Bild 13 im Teil „Anforderungsermittlung (Arbeitsbewertung)" der MLBO). Dabei wird die Gewichtung der Stufenzahlen teilweise schon im Tarifvertrag festgelegt (Stufenverfahren mit gebundener Gewichtung). Zum Teil wird sie entsprechend den betrieblichen Erfordernissen bestimmt und dann in einer Betriebsvereinbarung festgehalten. Eine Ergänzung der Stufendefinition durch Beispiele ist bei der analytischen Leistungsbewertung nicht üblich.

Stufenverfahren mit gebundener Gewichtung

Das Vorgehen im einzelnen ähnelt dem bei der Quantifizierung der Anforderungen im Rahmen der Anforderungsermittlung:

Vorgehen

1) Die Beurteilung und Bewertung der Leistung des Mitarbeiters erfolgt durch den unmittelbaren Vorgesetzten, zum Beispiel den Meister, den Gruppenleiter, den Abteilungsleiter. Dieser wird im allgemeinen andere Vorgesetzte zu Rate ziehen, soweit sie den Mitarbeiter gut kennen. Die Vorgesetzten müssen im Beurteilen und Bewerten von Leistungen geschult werden.

Beurteilung und Bewertung durch den Vorgesetzten

Die Bewertung wird erleichtert, wenn für die Arbeitsaufgaben, die der Mitarbeiter auszuführen hat, Arbeits- beziehungsweise Stellenbeschreibungen vorliegen. Die Leistungsbewertung orientiert sich zum Beispiel an der Erfüllung der Anforderungen durch den Mitarbeiter.

Im übrigen erfordert das Bewerten, daß der Bewerter sich längere Zeit mit dem Mitarbeiter und seiner Leistung beschäftigt, daß sich die Bewertung auf selbst ermittelte Tatsachen stützt, daß er sich Zeit zum Bewerten nimmt, daß frühere Beurteilungsergebnisse unbeachtet bleiben und Quervergleiche mit Mitarbeitern angestellt werden, an die ähnliche Anforderungen gestellt werden.

Die Leistungsbewertung selbst wird mit Hilfe eines Bewertungsvordruckes vorgenommen, auf dem die Teil-Leistungswerte und gegebenenfalls eine Bewertungsbegründung festgehalten werden.

Bewertungs-schema

2) Methodisches Hilfsmittel der Leistungsbewertung ist ein Bewertungsschema für die einzelnen Leistungsmerkmale. Sie enthalten

- eine Beschreibung der Leistungsmerkmale,
- eine Anzahl von Stufen mit Stufenzahlen (im allgemeinen 3 bis 9 Stufen), die bei gebundener Gewichtung unmittelbar die Teil-Leistungswerte sind und meist Punkte genannt werden, und
- die Stufendefinitionen für jede Beurteilungsstufe.

Beispiel für ein Bewertungs-schema

Im Bild 33 ist als Beispiel das Beurteilungsschema der Tarifbestimmungen der Hessischen Metallindustrie abgebildet. Hierbei handelt es sich um ein Stufendefinitionsverfahren mit getrennter Gewichtung. Die Gewichtung und Punktzuordnung wird in diesem Beispiel in Betriebsvereinbarungen festgelegt.

Zuordnen des Lohns zu den Leistungswerten

Die Bestimmung des Leistungswertes und die Zuordnung des Entgeltes beziehungsweise der Leistungszulage zu diesen Leistungswerten sind oft tarifvertraglich geregelt.

Beurteilungs-gespräch

3) Die Leistungsbewertung des Mitarbeiters erfolgt periodisch (zum Beispiel halbjährlich). Das Ergebnis der Bewertung soll dem Mitarbeiter in einem Gespräch mitgeteilt und erläutert werden. Das gilt vor allem bei der ersten Bewertung und bei einer Rückstufung des Mitarbeiters. Dieses Gespräch soll dazu genutzt werden, dem Mitarbeiter seine Vorzüge, aber auch seine Mängel sowie seine Entwicklungsmöglichkeiten offenzulegen.

BEURTEILUNGSSCHEMA

Beurteilungsmerkmale		Beurteilungsstufen 1	2	3	4	5
Grundmerkmal A: Arbeitseinsatz						
Einzelmerkmale	Erläuterungen					
Aktivität	Zügige Erledigung übertragener Arbeitsaufgaben	Die Anforderungen werden nicht immer in allen Einzelmerkmalen erfüllt	Die Anforderungen werden in der Regel in allen Einzelmerkmalen erfüllt	Die Anforderungen werden erfüllt und in Einzelmerkmalen übertroffen	Die Anforderungen werden in allen Einzelmerkmalen häufig übertroffen	Die Anforderungen werden in allen Einzelmerkmalen häufig und in Einzelmerkmalen stets nennenswert übertroffen
Initiative	Eigener Antrieb bei der durchführung von Arbeitsaufgaben					
Belastbarkeit	Befähigung, nach Art und Intensität unterschiedlichen Anforderungen gerecht zu werden					
Einsatzfähigkeit	Vorübergehende Ausführung anderer und/oder zusätzlicher Arbeitsaufgaben* sowie - wenn notwendig - vielseitige Einsetzbarkeit					

Grundmerkmal B: Arbeitssorgfalt		Beurteilungsstufen 1	2	3	4	5
Einzelmerkmale	Erläuterungen					
Gründlichkeit	Arbeitsaufgaben gewissenhaft erledigen	Die Anforderungen werden nicht immer in allen Einzelmerkmalen erfüllt	Die Anforderungen werden in der Regel in allen Einzelmerkmalen erfüllt	Die Anforderungen werden erfüllt und in Einzelmerkmalen übertroffen	Die Anforderungen werden in allen Einzelmerkmalen häufig übertroffen	Die Anforderungen werden in allen Einzelmerkmalen häufig und in Einzelmerkmalen stets nennenswert übertroffen
Zuverlässigkeit	Arbeitsaufgaben richtig und termingerecht ausführen					
Kostengerechtes Verhalten	Kostenorientierte und rationelle Erledigung von Arbeitsaufgaben					
Soweit zutreffend: Beachtung der Sicherheits- und Schutzvorschriften						

Grundmerkmale C: Anwendung der Kenntnisse		Beurteilungsstufen 1	2	3	4	5
Einzelmerkmale	Erläuterungen					
Beweglichkeit des Denkens	Fähigkeit, sich auf veränderte Sachlagen, Probleme und Aufgaben ein- und umzustellen (z.B. Auffassungsgabe)	Die Anforderungen werden nicht immer in allen Einzelmerkmalen erfüllt	Die Anforderungen werden in der Regel in allen Einzelmerkmalen erfüllt	Die Anforderungen werden erfüllt und in Einzelmerkmalen übertroffen	Die Anforderungen werden in allen Einzelmerkmalen häufig übertroffen	Die Anforderungen werden in allen Einzelmerkmalen häufig und in Einzelmerkmalen stets nennenswert übertroffen
Überblick	Erkennen von Zusammenhängen					
Erkennen und Beurteilen des Wesentlichen	Arbeitsvorgänge ihrer Wichtigkeit nach einordnen					

Grundmerkmal D: Zusammenarbeit und personelle Wirksamkeit		Beurteilungsstufen 1	2	3	4	5
Einzelmerkmale	Erläuterungen					
Informationsaustausch	Sachdienlicher Informationsaustausch innerhalb und/oder außerhalb des Unternehmens	Die Anforderungen werden nicht immer in allen Einzelmerkmalen erfüllt	Die Anforderungen werden in der Regel in allen Einzelmerkmalen erfüllt	Die Anforderungen werden erfüllt und in Einzelmerkmalen übertroffen	Die Anforderungen werden in allen Einzelmerkmalen häufig übertroffen	Die Anforderungen werden in allen Einzelmerkmalen häufig und in Einzelmerkmalen stets nennenswert übertroffen
Zusammenarbeit	Aufgeschlossensein für gemeinsame Lösungen von Arbeitsaufgaben					
Überzeugungsfähigkeit	Fähigkeit, einen Sachverhalt klar und verständlich auszudrücken und andere für eine Meinung zu gewinnen					
Führungsverhalten	Fähigkeit, Mitarbeiter zu überwachen, anzuweisen oder anzuleiten, zu beurteilen, zu fördern und weiterzubilden					

*Durch die Regelung vorübergehender Ausführung anderer und/oder zusätzlicher Arbeitsaufgaben werden die Bestimmungen § 7 Allgemeine Gehaltsbestimmungen nicht berührt.

Beurteilungsschema des Verfahrens zur Ermittlung von Leistungszulagen aus dem Manteltarifvertrag für Angestellte in der Eisen-, Metall- und Elektroindustrie des Landes Hessen in der Fassung vom 15.1.1982 Bild 33

Kapitel 4

Einführung von Methoden zur Entgeltdifferenzierung

Vorgehen

Bei der betrieblichen Einführung von Methoden zur leistungsabhängigen Entgeltdifferenzierung kann das Arbeitsstudium den Parteien entsprechende Entscheidungshilfen bieten. Die Einführung anforderungsabhängiger Entgeltdifferenzierungsmethoden wird im Teil „Anforderungsermittlung (Arbeitsbewertung)" der MLBO im Kapitel 5 dargestellt.

Die Einführung leistungsabhängiger Entgeltdifferenzierungsmethoden wird im Bild 34 dargestellt.

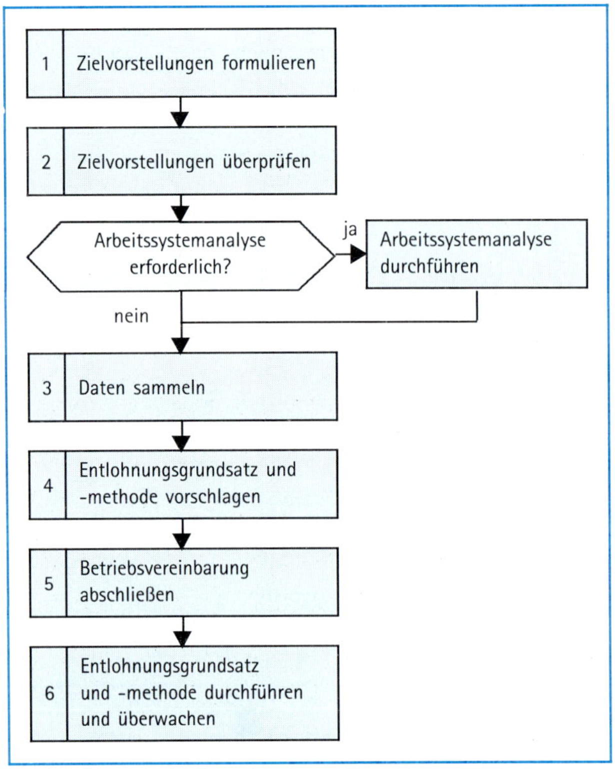

Bild 34 Vorgehen bei der Einführung von Methoden zur Entgeltdifferenzierung

Schritt 1

Bei der Formulierung der Zielvorstellungen sind verschiedene Zielebenen zu unterscheiden:

1) Geltungsbereich, für den eine Entgeltdifferenzierung eingeführt oder geändert werden soll.
2) Teilziele:
   - mitarbeiterorientierte, zum Beispiel Wunsch der Belegschaft nach einer bestimmten Form der Entgeltdifferenzierung
   - betriebswirtschaftliche, zum Beispiel Nutzung von Betriebsmitteln, Beeinflussung der Kosten
   - arbeitsorganisatorische, zum Beispiel Daten für die Planung und Steuerung.
3) Termin der Einführung.

Schritt 2

Im zweiten Schritt sind die Zielvorstellungen näher zu konkretisieren. Zunächst ist festzustellen, welche Entlohnungsgrundsätze und -methoden zum Beispiel der Tarifvertrag zuläßt und inwieweit einschränkende Vorschriften für deren Gestaltung gegeben sind. Dann ist ein Vorgespräch mit dem Arbeitnehmervertreter über die ins Auge gefaßten Maßnahmen herbeizuführen. Daraufhin sollte überprüft werden, ob der im Schritt 1 gewählte Geltungsbereich richtig ist, ob er verkleinert oder ob zum Beispiel vor-, nach- oder nebengeordnete Arbeitssysteme mit in die Betrachtung einbezogen werden sollten. Die Grenzen zwischen Schritt 1 und Schritt 2 sind fließend.

Arbeitssystemanalyse

Falls das Ziel besteht, eine veränderte Gehaltsfestsetzung in einem größeren Bereich einzuführen, kann zur Klärung der genannten Fragen eine spezielle Arbeitssystemanalyse erforderlich sein. Diese Analyse sollte folgendes umfassen:

- Analyse geeigneter Leistungskennzahlen und Hinweise für ihre Ermittlung.
- Analyse des Arbeitsablaufs, der Arbeitsbedingungen und der Arbeitssituation zur Zeit der Aufstellung des Entlohnungsgrundsatzes und der Einführung sowie Anwendung der Entlohnungsmethode.
- Hinweise auf die gegebenenfalls vor Einführung einer Entgeltdifferenzierung erforderlichen arbeitsgestalterischen Maßnahmen.

Vordrucke

Für eine Arbeitssystemanalyse dieser Art kann es sinnvoll sein, spezielle Vordrucke zu entwickeln, wenn die Entlohnung für einen größeren in sich geschlossenen Betrieb oder eine entsprechende Betriebsabteilung (zum Beispiel Betriebsmittelbau, Instandhaltung) mit eigenem Fertigungs- beziehungsweise Arbeitsprogramm überprüft und verändert werden soll.

Schritt 3

Für die Festsetzung der Leistungskennzahlen sind nun die Daten zu sammeln. Vorhandene Daten sollen möglichst mit herangezogen werden. Weitere Daten müssen, wie in der REFA-Methodenlehre des Arbeitsstudiums, Teil 2, beschrieben, ermittelt werden. Eine reproduzierbare Datenermittlung ist das Kernstück jeder Entgeltdifferenzierung.

Schritt 4

Aufgrund der ermittelten Daten sind nunmehr Entlohnungsgrundsatz und -methode zur Entgeltdifferenzierung vorzuschlagen. Handelt es sich um Prämienentlohnung, so ist zu beachten:

1) Die Prämienausgangsleistung K_{min}, gegebenenfalls die Prämienendleistung K_{max} beziehungsweise die Spannweite der Leistungskennzahl sowie der Verlauf der Prämienlohnlinie sind zu bestimmen. Diese Festlegungen bedürfen besonderer Sorgfalt. Der Prämienlohn muß den gesetzten Zielen entsprechen. Von ihm muß auf den Menschen eine Leistungsmotivation ausgehen. Hierfür ist entscheidend, daß K_{max} auch praktisch erreichbar ist (falls festgelegt).
2) Die Prämie kann in Dpf/min beziehungsweise DM/h, in Prozent des oder als Prämienfaktor zum Prämienausgangslohn der Lohnlinie zugeordnet werden. Die Festlegung der materiellen Höhe des Prämienlohnes ist nicht Aufgabe des Arbeitsstudiums, sondern unterliegt anderen Bestimmungen und Einflüssen, zu denen unter anderem Vorschriften aus Tarifverträgen und Betriebsvereinbarungen, das betriebliche Lohnniveau sowie die Ziele der Entlohnung gehören.

Schritt 5

Die Grundlagen der Prämienentlohnung werden in einer Betriebsvereinbarung nach Maßgabe des Tarifvertrags festgelegt. Hierbei werden im besonderen auch der regionale, betriebliche, fachliche, persönliche und zeitliche Geltungsbereich sowie der Abrechnungszeitraum festgelegt.

Schritt 6

Die Einführung der vereinbarten Methoden zur leistungsabhängigen Entgeltdifferenzierung vollzieht sich in zwei Phasen:

1) Informationsphase für die Mitarbeiter über den Aufbau der Entgeltdifferenzierung: In dieser Phase sollte dargestellt werden, wie zum Beispiel durch geschicktes Verhalten, Mitdenken, durch Sorgfalt und ähnliches die Leistung und damit das Entgelt beeinflußt werden können.
2) Erprobungsphase über einen oder mehrere Abrechnungszeiträume: Unter anderem muß es sich erweisen, ob die gesetzten Ziele erreicht werden und besonders, ob das Entgelt einen Leistungsanreiz bietet. Zur Behebung von Mängeln, die während der Erprobungsphase erkannt werden, sind die betreffenden Schritte des Standardprogramms zu wiederholen.

Die Überwachung besteht aus dem Erfassen der Ist-Daten, der Berechnung der Leistungskennzahlen und einem Vergleichen mit den Soll-Daten. Auch eine Überwachung der erreichten Prämienlöhne ist möglich.

Überwachung

Gegebenenfalls sind auch Wirtschaftlichkeitsvergleiche nützlich, in denen die erzielten Produktionssteigerungen den Personalkosten gegenübergestellt werden. Bei solchen Vergleichen sollten die Kosten für die Einführung und die laufende Überwachung nicht vergessen werden.

Wirtschaftlichkeitsvergleiche

Literatur

Baierl, F.: Lohnanreizsysteme. München, Carl Hanser Verlag, 1974

Bieding, F., Scholz, K. u.a.: Leistungsbewertung und Leistungsentlohnung für Angestellte. Köln, Bund-Verlag, 1971

Bieding, F., Wendler, F.: Analytische Arbeitsbewertung und Angestelltentätigkeiten. Köln, Bund-Verlag, 1971

Birkwald, R., Pornschlegel, H. (Hrsg.): Mitbestimmen im Betrieb. Köln, Bund-Verlag, 1973

Bock, H.: Leitertafel-Handbuch Steine und Erden. Wiesbaden-Berlin, Bauverlag GmbH, 1974

Euler, H., Stevens, H.: Die analytische Arbeitsbewertung. Düsseldorf, Verlag Stahleisen GmbH, 1965

Ling, B.: Betriebliche Lohnfindung, Bedingungsfaktoren der Lohnbildung aus betrieblicher Sicht und Analyse der Auswirkungen ausgewählter Faktoren auf den Lohn. Forschungsstelle für Betriebswirtschaft und Sozialpraxis e.V., München-Mannheim 1982

Paasche, J.: Praxis der Arbeitsbewertung. Köln, Dr. E.W. Müssener-Verlag, 1974

Paasche, J.: Zeitgemäße Lohngestaltung, Voraussetzungen, Durchführung und Pflege. Essen, Verlag W. Girardet, 1981

REFA-Verband für Arbeitsstudien und Betriebsorganisation e.V. (Hrg.): Methodenlehre des Arbeitsstudiums (MLA), Teil 2: Datenermittlung, 6. Auflage. München, Carl Hanser Verlag, 1978

REFA-Verband für Arbeitsstudien und Betriebsorganisation e.V. (Hrg.): Methodenlehre der Betriebsorganisation (MLBO), Teil Anforderungsermittlung (Arbeitsbewertung), 2. Auflage. München, Carl Hanser Verlag, 1991

REFA-Verband für Arbeitsstudien und Betriebsorganisation e.V, (Hrg.): Methodenlehre der Betriebsorganisation (MLBO), Teil Grundlagen der Arbeitsgestaltung, 1. Auflage. München, Carl Hanser Verlag, 1991

REFA-Verband für Arbeitsstudien und Betriebsorganisation e.V. (Hrsg.): Methodenlehre der Betriebsorganisation (MLBO), Teil Arbeitsgestaltung in der Produktion, 1. Auflage. München, Carl Hanser Verlag, 1991

Schwarz, H.: Arbeitsplatzbeschreibungen. Freiburg, Rudolf Haufe Verlag, 1981

Soom, E. u.a.: Leistungsgerechte Entlohnung in Werkstatt und Verwaltung. Winterhur, Planung und Produktion Verlags AG, 1979

Sozialwirtschaftliche Schriftenreihe der Wirtschaftsvereinigung Eisen- und Stahlindustrie, Heft 20, Analytische Bewertung von Angestelltentätigkeiten. Düsseldorf, Verlag Stahleisen mbH, 1971

Theis, E.: Arbeitswissenschaftliche Analyse der Entwicklung der tarifvertraglichen Entgeltbestimmungen in der Metallindustrie. Köln, Verlag Dr. O. Schmidt, 1983

Wibbe, J.: Leistungsbeurteilung und Lohnfindung. München, Carl Hanser Verlag, 1974

Zander, E.: Handbuch der Gehaltsfestsetzung. Heidelberg, J.H. Sauer Verlag, 1980

Zander, E., Knebel, H.: Taschenbuch für Arbeitsbewertung. Heidelberg, J.H. Sauer Verlag, 1978

Zander, E., Knebel, H.: Taschenbuch für Leistungsbeurteilung und Leistungszulagen. Heidelberg, J.H. Sauer Verlag, 1982

Stichwortverzeichnis

Methodenlehre der Betriebsorganisation

Teil 5: Entgeltdifferenzierung

In dem folgenden Stichwortverzeichnis bedeutet zum Beispiel:

Akkordlohn 14, 25, **32**

Das Stichwort „Akkordlohn" ist auf Seite 32 definiert (deshalb ist diese Angabe fett gedruckt); weitere Aussagen zu diesem Stichwort befinden sich auf den Seiten 14 und 25.